Motorrad Traumstraßen

Hans Michael Engelke

Motorrad Traumstraßen

BRUCKMANN

Inhalt

INHALTVERZEICHNIS

Inhalt

44

54

62

70

116

124

132

140

Vorwort

Fernweh – die klassische Krankheit des Motorrad-Reisenden. Aber ist es wirklich die ganz weite Ferne, die wir brauchen? Faszinierende Landschaften, spannende Routen und kurzweilige Begegnungen mit interessanten Menschen gibt es nicht nur in fernen Ländern, sondern auch innerhalb unserer eigenen Grenzen. Hier bei uns in Deutschland, gleich vor der eigenen Haustür, liegen jede Menge herrliche Motorrad-Reiseziele und -Regionen.

Ob die felsigen Winkel der Schwäbischen Alb mit ihren kurvenreichen Strecken, das weite, flache Land der Uckermark mit seiner urigen Ausstrahlung oder die dunklen Wälder des Spessarts mit ihren geheimnisvollen Wegen – jede der in diesem Buch vorgestellten Regionen hat ihre eigenen, ganz besonderen Reize. Allen gemein ist ihre hohe Anziehungskraft auf motorisierte Zweiradfahrer, die sich gerne dem Kurvenspaß in schönster Landschaft hingeben.

Dieses Buch fasst erstmalig die einzelnen Kapitel der erfolgreichen Reihe »Traumstraßen Deutschlands« der Zeitschrift »TOURENFAHRER« zusammen. Auf 144 reich bebilderten Seiten finden sich die Highlights der beliebtesten Motorradregionen Deutschlands wieder. Dazu sind auch spannende Ziele rechts und links der Straße beschrieben. Sehenswertes und Interessantes findet sich im Infoteil ebenso wieder wie eine Kurzbeschreibung der Route und eine detailgenaue Karte, auf der zusätzlich die landschaftlich besonders schönen Streckenabschnitte gekennzeichnet sind. Packende Fotos sollen zudem neugierig machen – neugierig auf die »Traumstraßen Deutschlands«.

Ich habe dieses Buch für alle Motorradfahrer geschrieben. Egal, ob Supersportler-Fahrer mit Knieschleifern, Cruiserpiloten mit Sozia und Sissy-Bar oder wendige Supermoto-Freaks auf kleinen Rädern – im Kehrengetümmel der Eifel, auf den langgezogenen Kurven der Rhön oder auf den holprigen, kopfstein-gepflasterten Pisten der Uckermark lässt es sich trefflich unserem gemeinsamen Hobby frönen. Und das nicht nur auf der Straße, sondern auch abseits des Asphalts. Neben den im Text beschriebenen Zielen säumen eine ganze Menge Motorradtreffs die Wege. Ob an der Staumauer des sauerländischen Sees, am Start und Ziel des Nürburgrings oder in und an der Braustube in der Fränkischen Schweiz, überall trifft man sich, quatscht einfach ein bisschen über das gemeinsame Hobby und tauscht sich über Erlebnisse und Technik aus. Und nicht zuletzt gibt es da noch die beschriebenen Schaukurven und -strecken, wo das neugierige Publikum Haltungsnoten vergibt. Aber bitte – lasst uns gemeinsam daran arbeiten, dass nicht, wie leider schon so oft, die schönsten Strecken für Zweiradfahrer gesperrt werden.

Der Autor und sein wohl verdientes Eis.

In diesem Sinne – Kiki, die beste Sozia der Welt, und ich wünschen viel Spaß mit diesem Buch bei der Touren-Planung und noch viel mehr Freude, wenn es dann tatsächlich los geht. Und vielleicht treffen wir uns ja mal – auf den »Traumstraßen Deutschlands«.

Gute Fahrt!

Hans Michael Engelke, März 2009

Bauernhof-Idylle im Naturpark Solling (oben). Schotten mit seinem idyllischen Ortskern (mitte). Bunt präsentiert sich der Straßenrand im Bayrischen Wald (unten).

Willkommen im
NATIONALPARK HARZ

Komm
auf die Schaukel...

Mitten in Deutschland erwarten den Motorradreisenden urwüchsige Landschaften, eine überaus üppige Natur und – das Allerbeste – Kurven, bis die Flanke qualmt.

Karbon – das bedeutet für die meisten motorisierten Zweiradfahrer edle Kunststoffteile, die, von Kohlenstofffasern zu sündhaft teuren Verkleidungsteilen mutiert, ans Mopped geschraubt werden. Dass das Karbon aber auch eine lange zurückliegende Periode der Erdgeschichte ist, weiß nur, wer im Geschichtsunterricht nicht gepennt hat. Aber eben diesem Karbon haben wir Motorradfahrer einiges zu verdanken. Zum Beispiel den Harz. Der faltete sich nämlich vor gut 300 Millionen Jahren, im Karbon halt, aus der Erdkruste hoch und entwickelte sich im Lauf der jüngeren Erdgeschichte zu einem Eldorado für Motorradfahrer.

VOR 300 MILLIONEN JAHREN FALTETE SICH DER HARZ AUF, UM SICH DANN IN ALLER RUHE ZU EINEM ELDORADO FÜR MOTORRADFAHRER ZU ENTWICKELN

Und in diesem Eldorado sind Kiki und ich nun unterwegs, gut versorgt mit Tipps von waschechten Harzern. Gestartet sind wir eben in Goslar. Ein wenig schlenderten wir allerdings vorher noch bei Sonnenschein durch Goslars alte Gassen, schließlich hat die UNESCO die Stadt zum Weltkulturerbe erklärt. Dann schwangen wir uns auf unsere BMW und rollten gen Süden.
Kaum hatten wir Goslar auf der B 241 hinter uns gelassen, wurden wir schon mit den ersten Serpentinen belohnt. Zu Füßen des über 700 Meter hohen Bocksberges schlängelt sich der Asphalt durch die hügelige Landschaft. Nur wenige Kilometer weiter biegen wir nach rechts ab. Wie so viele Bachläufe im Harz haben auch »Laute« und »Innerste« spannende Täler geschaffen, denen die Straßen des Harz kurvenreich folgen. Entlang des glitzernden Baches werfe ich die ST von einer Seite auf die andere, genieße jede Kurve, es ist die wahre Pracht. Wie ein Stroboskop blitzt dabei die Sonne durch die Lücken des Waldes rechts und links der Strecke. Dann unterbricht Clausthal-Zellerfeld kurz diese Kurvenorgie, doch wir rollen zügig durch den Ort, wollen weiter, Kurven und Straßen genießen.
Vorbei am Okerstausee verschwinden wir dann wieder in den bewaldeten Harzhöhen inmitten des Nationalparks und genießen die knackigen Kurven am Sösestausee. Kurz vor Osterode endet für ein kurzes Stück die Kurverei, doch rasch erreichen wir Herzberg und wedeln wieder durch die Harz-Botanik. Diesmal ist es die »Sieber«, die den Er-

Das Bodetal ist eines der schönsten Eckchen im Harz. Hexen sind allgegenwärtig im nördlichsten Mittelgebirge Deutschlands. Harzer Brunnen sorgen für kühle Köpfe (u. von li. nach re.). Stolberg, einst Bergmannssiedlung, heute Fachwerkidylle und die erste »Historische Europastadt« (r. o.). Wie hier bei Hüttenrode lockt der Harz mit kernigen Kehren (S. 13).

Friwi
AW
W 84

Goslar
Innerste
Innerste-Stausee
Grane Stausee
241
Bocksberg
Schalke
Oker-Stausee
Clausthal-Zellerfeld
Torfhaus
Motorrad-treff
Brocken
Altenau
Achtermannshöhe
Wernigerode
244
Drei Annen Hohne
Elbingerode
Hüttenrode
Baumannshöhle
Hermannshöhle
498
Gr. Sonnenberg
Elend
Kalte Bode
Rappbode-Talsperre
Roßtrappe
Thale
Bode
Hexentanzplatz
Ballenstedt
Osterode am Harz
Söse-Stausee
St. Andreasberg
Braunlage
Bodetal
Leckenkopf
Viktorshöhe
Burg Falkenstein
243
Gr. Knollen
27
Warme Bode
Hasselfelde
Albrechtshaus
242
Mansfelder Bergland
Herzberg am Harz
Welfenschloss
Oder-Stausee
Hohegeiß
Butterberg
Güntersberge
Harzgerode
Bad Lauterberg am Harz
Oder
4
81
Staufenberg
Netzkater
Gr. Auerberg
Stolberg
Hayn
Hoher Kopf
Kelbra-Talsperre
Kelbra
Kyffhäuserdenkmal
Kyffhäuser Gebirge
Aussichtspunkt
Landschaftlich besonders schöner Teilabschnitt
10 km
© TOURENFAHRER

INFORMATION

Gebiet: Ober- und Unterharz
Region: Harz
Streckenlänge: ca. 350 km
Zeitaufwand: Tagestour. Aufgrund vieler lohnenswerter Stopps kann aber schnell eine Zweitagestour daraus werden.
Besonderheiten: Vorsicht, im Harz wird oft die Geschwindigkeit kontrolliert.
Sehenswert: In Wernigerode und Stolberg das Mopped abstellen und die Altstadt und die Schlösser zu Fuß erkunden. Das Kyffhäuserdenkmal und der Blick in die Landschaft von dort oben sind ungemein beeindruckend. Die »Nordrampe« des Kyffhäusers, eine beliebte Strecke für Bergrennen, ist mit ihren 36 Kehren eine echte Herausforderung für Zweiradfahrer und besonders am Wochenende eine spannende Unterhaltung für die Zuschauer rechts und links der Straße.Die Orte des Harzes glänzen mit einer Unmenge Museen, Ausstellungen und Sehenswürdigkeiten. Dazu jede Menge Infos unter: www.harzinfo.de.

Kleine Weiler bieten schnuckelige Ortsdurchfahrten (re.). • Dampfeisenbahnen fahren im Harz nach Plan. Der Autor und sein wohl verdientes Eis. Fahrt über den Kyffhäuser: fast wie auf der Rennstrecke (o. von li. nach re.).

bauern der Straße ihren Schlingerkurs vorgegeben hat. Schräglage satt heißt es deshalb bis zum Oderstausee, hinter dem wir dann auf die gut ausgebaute »Harz-Heide-Straße« nach Norden abbiegen. Irgendwann winkt uns das Schild nach St. Andreasberg von der Straße und damit wieder auf die kleinen Nebenstrecken, die mit ihren traumhaften Verläufen zwischen grünen Hängen, plätschernden Wassern und tiefen Tälern locken.

Die 36 Kehren zum Gipfel des Kyffhäusers

Üben eine starke Anziehungskraft auf Motorradfreunde aus der gesamten Region aus

Bis zum Fuße der über 900 Meter hohen Achtermannshöhe kurven wir durchs Grün, dann halten wir uns erneut gen Norden. Zwar gleicht die Strecke ab hier für einige wenige Kilometer eher einer Autobahn, aber dafür führt sie zu einem der beliebtesten Motorradtreffs im Harz, dem Torfhaus. Dieses Dorf auf 800 Höhenmetern gilt allgemein als die höchstgelegene Siedlung Niedersachsens. Bei schönem Wetter ist das Torfhaus Anziehungspunkt für viele Motorradfahrer aus der Region. Man trifft sich bei Pommes, Kaffee und Eis zum Gucken und Quatschen, und wer keine Lust zum Reden hat, genießt einfach die herrliche Aussicht auf den fünf Kilometer entfernten Brokken. Heute führen von hier Wanderwege auf dessen Gipfel, früher war der Berg der Hexen durch den DDR-Todesstreifen vom Westen aus unerreichbar.

Nach einem lockeren Plauderstündchen reißen wir uns wieder los und rollen zurück in Richtung Süden. Allerdings sollte man das mit Bedacht tun, auf den Straßen des Harz lauern überall Starenkästen und Uniformierte, ein solches Urlaubsfoto kann recht teuer werden. Vorbei an Braunlage genießen wir noch mal richtig spannende Kurven, bevor wir in Hohegeiß ausrollen. Am Ortsrand, am Bärenbach, betreibt Harald Böhringer seinen Campingplatz, und als Motorradfahrer muss man sich dort einfach wohl fühlen. Gemütliche Wiesen fürs Zelt, komplett ausgestattete Caravans für Biker, tolle Tourentipps, eine kleine Motorradwerkstatt und vieles mehr hat sich Harald für seine bikenden Gäste ausgedacht. Außerdem gibt's täglich frische Brötchen. Wir unterbrechen unsere Tour und genießen am Abend im platzeigenen Restaurant ein lekkeres und preiswertes Essen.

Schon früh am nächsten Morgen sind Kiki und ich wieder auf den Reifen. Heute wollen wir uns die Straßen des Unterharz vornehmen. Gleich hinter Netzkater geht es schon wieder los mit diesem Kurvenrausch, der einen in den Harzwäldern anfällt. Bis Hasselfelde kriegen die Reifenflanken ordentlich was zu tun. Der Weg führt um die Rappbodetalsperre herum und entlang der Warmen Bode über weiteres Geschlängel bis nach Wernigerode. Warme Bode, Kalte Bode – einen Temperaturunterschied konnten wir trotz mutiger Probe zwischen den Flüsschen nicht feststellen. Wir nehmen uns ein wenig Zeit für das bildschöne Städtchen Wernigerode. Die Heimat des leckeren Hasseröder Pils bietet auch für einen längeren Aufenthalt jede Menge Kurzweil. Die Altstadt, das Schloss, das 750 Jahre alte Rathaus, zahlreiche Museen sowie die Anbindung an die Harzer Dampfeisenbahn sorgen für Abwechslung. Wir belassen es bei einem Bummel durchs Zentrum, nehmen uns aber fest vor, noch mal vorbeizuschauen in der, wie der Heimatdichter und Umweltschützer Hermann Löns sagte, bunten Stadt des Harz.

Südöstlich von Wernigerode erwartet uns das Bodetal. Auch ein Tipp von Harald und natürlich wieder ein echtes Kurvenkarussell. Vorbei an uralten steinernen Wegweisern düsen wir durch den schattigen Wald, und mehr als einmal begeistern wir uns für die sagenhafte Streckenführung. Über eine kurze Sackgasse machen wir einen Abstecher zur Roßtrappe. Auch hier trifft sich regelmäßig die Motorradszene zum Plausch und genießt den phänomenalen Blick von diesem über 400 Meter hohen Granitfelsen.

In wildem Zickzack erkunden wir anschließend auf richtig feinen Motorradstrecken das Mansfelder Bergland. Hier mangelt es dem Motorradfahrer wahrlich an nichts: Spannende Kurven, tolle Landschaften, gute Straßen – der Ostharz bietet alles, was das Herz begehrt. In Stolberg, einem der schönsten Dörfer des Harz, ist eine Pause fällig. Vor rund 1000 Jahren als Bergmannssiedlung entstan-

den, punktet Stolberg heute mit seinen schönen Fachwerkhäusern, seinem Rathaus und dem Schloss. Wie ein Freilichtmuseum wirkt das ganze Ensemble, und vor der letzten Harz-Etappe stärken wir uns hier in einem der gemütlichen Restaurants mit Außenterrasse.

Mit einem letzten Schlenker durch die abwechslungsreiche Landschaft des Unterharz steuern wir auf den Kyffhäuser zu. Dieser fast 500 Meter hohe Bergrükken trägt das Kyffhäuserdenkmal des Kaisers Friedrich I. Barbarossa. Bekannt unter Motorsportfreunden ist der Kyffhäuser natürlich auch durch sein Tourenwagen-Bergrennen. Doch ist die nördliche »Rampe« des Kyffhäusers nicht nur die Bergrennstrecke, sondern auch ein Mekka der Motorradfreunde aus der Region. 36 Kehren sind es bis zum Gipfel, und diese einmaligen Kurvenkombinationen sind ein echter Anziehungspunkt. Besonders am Wochenende fegen hier zahllose Motorradfahrer durch die Kurven. Dabei stehen dann nicht wenige Zuschauer rechts und links der Strecke und schauen dem Treiben interessiert zu. Unzählige Bremsspuren, die nicht selten an der recht stabilen Leitplanke enden, zeugen von einer ganzen Reihe maßloser Selbstüberschätzungen. Allzu leicht werden die hier teilweise gemeinen Hundskurven zur Falle.

Wir lassen unsere Tour über die asphaltierten Wege des Harz hier am südlichen Rand enden. Zwar wäre die Strecke auch in einem Tag problemlos machbar gewesen, die ausgedehnten Pausen und die Übernachtung zwischen Ober- und Unterharz waren aber durchaus reizvoll. Wer will, kann sich aber auch nur einfach der Traumstraße hingeben – Grund genug gibt es dafür allemal.

Fritz in Stolberg ist echtes Original und genialer Fischkoch zugleich. Beeindruckendes Bauwerk – das Kyffhäuserdenkmal. Raps satt – gelbes Farbenmeer im Frühsommer (u. von re. nach li.).

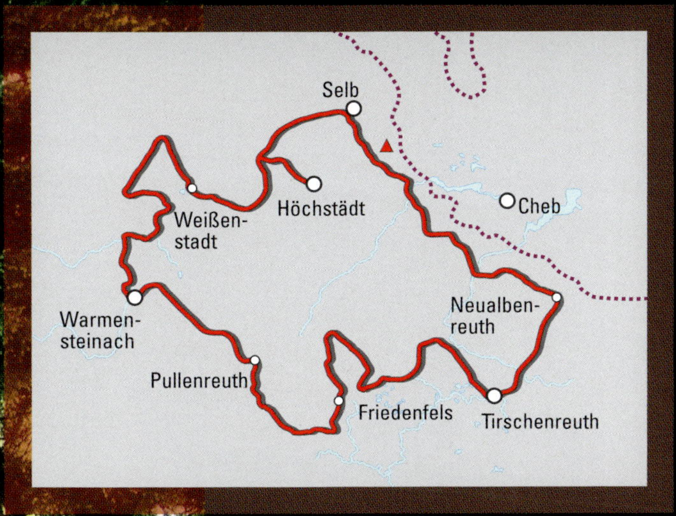

Grenz-
Wertig

Als damaliges Zonenrandgebiet fristete das Fichtelgebirge lange ein Schattendasein. Heute ist Bayerns nordöstlichster Zipfel Garant für eine spannende Tour im Grenzbereich.

Dichterfürst Johann Wolfgang von Goethe begeisterte sich bereits 1785 für das mächtige, granitene Mittelgebirge. »Der Granit lässt mich nicht los«, schrieb das auch als Naturwissenschaftler bekannte Universalgenie während einer seiner Reisen durch das Fichtelgebirge. Damals zog man noch, je nach Stellung, zu Fuß, auf dem Pferd oder per Kutsche durch diese nordöstliche Ecke Bayerns. Die Straßen glichen eher rumpeligen Feldwegen, und die wenigsten Reisen dienten ausschließlich dem Vergnügen.

Gut 220 Jahre später hat sich daran Einiges geändert. Einladend sind sie geworden, die gut geteerten, kurvenreichen Straßen, die sich durch die Täler und Berge des Fichtelgebirges schlängeln. Überwiegend motorisiert ist man heute unterwegs und viele, die ihren Weg in diese östliche Ecke der Republik finden, sind einfach aus purer Lust am Reisen auf Tour. Kein Wunder, mit einigen Gipfeln knapp unter der 1000-Meter-Grenze und zweien sogar darüber findet man hier eine fantastische Ferienregion vor. Und die, keine Frage, lässt sich am besten mit dem Motorrad erkunden. Auch wir sind aufgebrochen, Traumstraßen zu finden. Im Naturpark Fichtelgebirge, südlich davon im Naturpark Steinwald und im östlich anschließenden Stiftland gibt es einige Strecken, die dieses Prädikat durchaus verdient haben.

Startpunkt unserer »Fichteltour« ist Warmensteinach, eine sympathische Gemeinde, die sich ganz der Motorradtouristik verschrieben hat und auch als Motorradhochzeitsdorf bekannt ist – notorische Junggesellen seien gewarnt. Nur wenige Kilometer düsen Kiki und ich durch den Süden des Naturparks, dann rollt unsere BMW schon wieder aus. Klar, das Automobilmuseum in Fichtelberg ist unbedingt einen Besuch wert. Bietet es doch nicht nur jede Menge vierrädrige Veteranen, sondern auch eine ganze Reihe betagter Zweiräder. »Nicht mehr laufen, Quickly kaufen!« Ganze 515 Mark kostete die NSU 1953 neu.

Notorische Junggesellen seien gewarnt

Das sympathische Warmensteinach ist auch als Motorradhochzeitsdorf bekannt

Schließlich starten wir aber doch durch, halten uns weiter Richtung Süden und zirkeln auf schmalen Nebenstrecken durch den Naturpark Steinwald. Kurvenreich geht es durch dichte, dunkle Wälder, in die kaum ein Sonnenstrahl dringt, wir streifen an hellgelb strah-

Stolz verweist man am Tillenberg auf den Mittelpunkt Europas – dabei stammt die Festlegung aus Zeiten, als es noch eine k.u.k. Monarchie gab (re.).
Mal tauchen die Straßen ein in dichtes Grün (re. u.), mal werden sie von gelben Farbtupfern blühenden Ginsters gesäumt (u. links). Die Basilika von Waldsassen – ein barockes Kleinod, das weit über die Grenzen bekannt ist (unten).

MITTELPUNKT
EUROPAS
Grenzlandturm 1 km

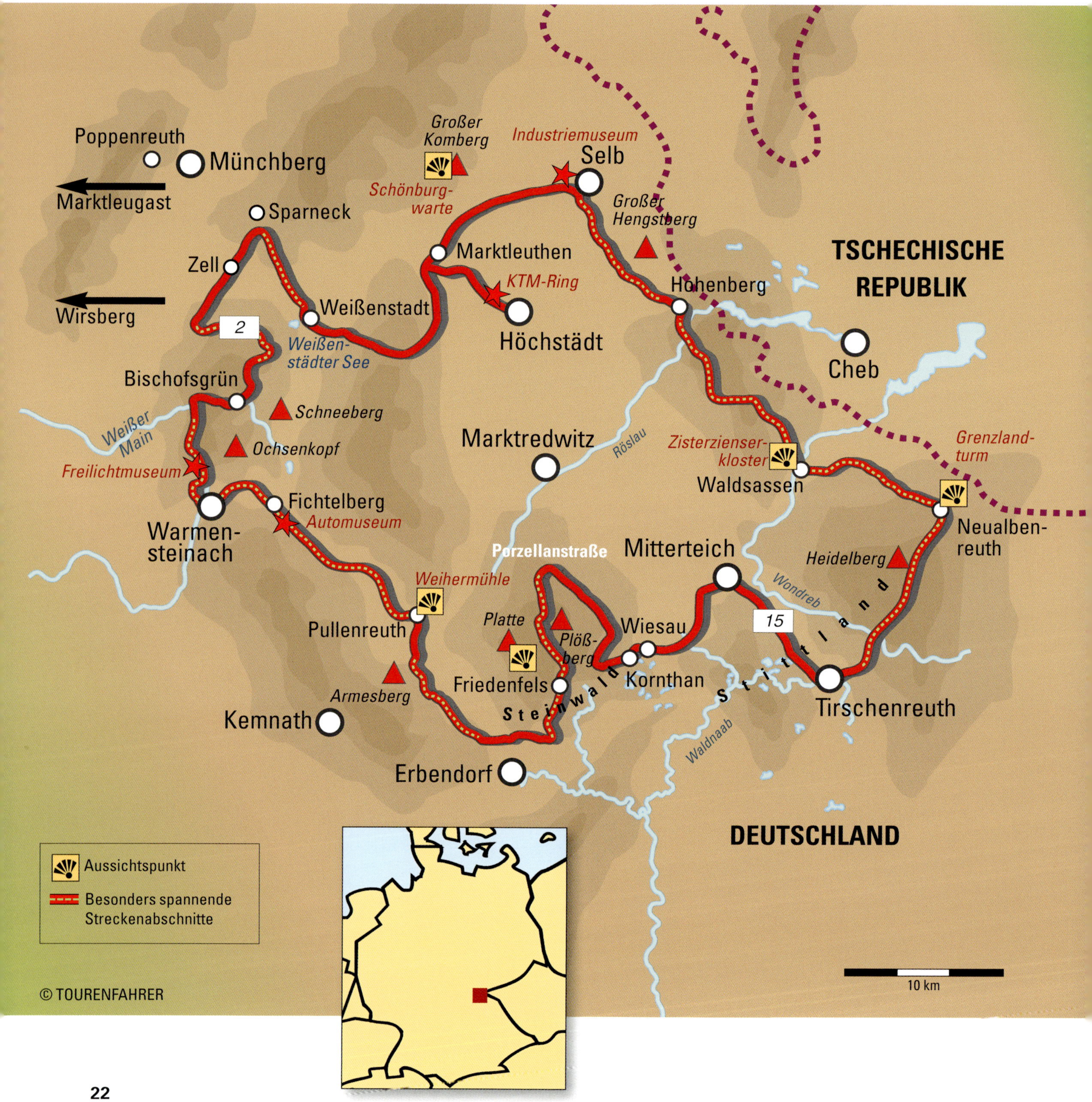
Poppenreuth
Münchberg
Marktleugast
Sparneck
Zell
Wirsberg
Weißenstadt
2
Weißen-
städter See
Bischofsgrün
Weißer
Main
Schneeberg
Ochsenkopf
Freilichtmuseum
Warmen-
steinach
Fichtelberg
Automuseum
Großer
Komberg
Schönburg-
warte
Industriemuseum
Selb
Großer
Hengstberg
Marktleuthen
KTM-Ring
Höchstädt
Hohenberg
TSCHECHISCHE
REPUBLIK
Cheb
Marktredwitz
Röslau
Zisterzienser-
kloster
Waldsassen
Grenzland-
turm
Neualben-
reuth
Porzellanstraße
Mitterteich
Heidelberg
Wondreb
Weihermühle
Pullenreuth
Platte
Ploß-
berg
Wiesau
15
Stiftland
Kornthan
Friedenfels
Armesberg
Steinwald
Tirschenreuth
Kemnath
Waldnaab
Erbendorf
DEUTSCHLAND
Aussichtspunkt
Besonders spannende
Streckenabschnitte
10 km
© TOURENFAHRER

INFORMATION

Gebiet: Fichtelgebirge, Steinwald und Wondrebsenke
Region: Fichtelgebirge
Streckenlänge: ca. 200 km
Zeitaufwand: Tagestour. Lohnenswerte Stopps und Sehenswürdigkeiten machen schnell eine Zwei-Tages-Tour daraus.
Besonderheiten: Grenznähe zu Tschechien, bietet sich für Abstecher an.
Sehenswert: Das Automobil- und Motorradmuseum Fichtelberg bietet eine große Zahl interessanter Exponate – www.amf-museum.de.
Die Gemeinde Warmensteinach gibt sich große Mühe, für Motorradfahrer besonders attraktiv zu sein. Sie hat sich als Motorradhochzeitsdorf bereits einen Namen gemacht, mehr unter www.motorrad.warmensteinach.de.
Auf dem KTM-Ring des MSC Höchstädt geht motocrossmäßig die Post ab. Egal, ob Rennen oder Training, es gibt viel zu gucken, www.msc-hoechstaedt.de.
Aus Selb stammt die Hälfte des in Deutschland produzierten Porzellans. Hier sind Hutschenreuther und Rosenthal zu Hause. Interessantes dazu gibt es im Museum, Infos dazu unter www.selb.de.

Mehr als 30 Motorräder und über 140 Autos präsentiert das Museum in Fichtelberg (Seite 23). Schmucke Kirchen prägen die Dörfer (oben links). Einmal im Jahr wird hier in Kornthan der Fisch »geerntet« (oben rechts).

lenden Rapsfeldern vorbei, die sich in der leichten Brise sanft wiegen, und passieren jede Menge goldgelb glänzende Ginsterbüsche. Darüber gleiten weiße, freundliche Wolken durch einen strahlend blauen Himmel, welch ein farbenprächtiges Idyll. Nicht umsonst sind die kleinen gelben Linien auf unserer Karte mit einem grünen Rand versehen, der Fahrspaß und schöne Landschaften verspricht. Zwischen Friedenfels und Poppenreuth passieren wir den 820 Meter hohen Plößberg und freuen uns, dass die Straßenbauer einst offensichtlich ein besonderes Herz für Motorradfahrer an den Tag legten. Man hätte die Strecke auch mit weniger Kurven bauen können. Gleich gegenüber des Plößbergs liegt sein großer Bruder, die Platte, 946 Meter hoch. Mittendarauf steht der Oberpfalzturm, ein hoher Aussichtsturm mit fantastischem Blick. Leider ist er aber nur zu Fuß erreichbar. Wer den Ausblick genießen will, stellt das Mopped auf dem großen Parkplatz nahe der Burgruine Weißenstein ab.

Für Motorradfahrer, die im Sattel bleiben wollen, hält der Steinwald aber auch von der Straße aus postkartenreife Ansichten der Landschaft bereit, wie etwa rund um Wiesau. Vorbei am Weiher von Kornthan, wo seit Hunderten von Jahren im Herbst durch Ablassen des Wassers die Tradition der Fischernte gepflegt wird, folgen wir ein kurzes Stück der B15. Die ist hier vom Tourismusverband als »Porzellanstraße« ausgeschildert und recht ansprechend. Dennoch biege ich in Tirschenreuth ab und steuere den ehemaligen »Eisernen Vorhang« an. Über die kleinen, landschaftlich und fahrerisch lohnenswerten Nebenstrecken halten Kiki und ich auf den Mittelpunkt Europas zu. Zumindest behaupten die Neualbenreuther, ihr 939 Meter hoher Tillenberg sei dieser Punkt. Wohlweislich verschweigen die heimlichen Nostalgiker dabei, dass diese Festlegung aus der Zeit der k.u.k Monarchie Österreich-Ungarn stammt und damit nicht mehr wirklich aktuell ist. Dennoch lohnt sich diese Schleife durch das Stiftland. Der einsame, kurvenreiche Asphalt macht uns mächtig Spaß. Wald und Felder wechseln sich ab, und neben der Strecke bieten lauschige Picknickplätze prima Gelegenheiten zu sonnigen Pausen.

Nach einem Abstecher zum Grenzlandturm – 82 Stufen führen in 19 Meter Höhe und zu einem spannenden Blick gen Osten – folgen wir der Landesgren-

IM KALTEN KRIEG LAG MAN SICH GEGENÜBER

HEUTE MACHT MAN VON HIER AUS SCHNELL EINEN BESUCH IM NAHEN TSCHECHISCHEN CHEB

ze. Am nächsten kommt man ihr bei Hohenberg an der Eger. Nur wenige Meter neben der Straße weisen Schilder darauf hin, dass sich hier im Kalten Krieg die Gegner gegenüberlagen. Heute haben sich die Zeiten gottlob geändert, und wer Lust hat, macht von hier aus einfach schnell einen Besuch in der sehenswerten tschechischen Stadt Cheb, nur eine Hand voll Kilometer entfernt. Kiki und ich wollen aber weiter die Straßen des Fichtelgebirges genießen, lassen Tschechien rechts liegen und folgen im Schatten des Hengstberges den Schildern nach Selb. Die Kreisstadt entwickelte sich Mitte des 19. Jahrhunderts zur Porzellanstadt. Rund 20 Porzellanfabriken siedelten sich im Lauf der Jahre an, nachdem Lorenz Hutschenreuther hier erstmalig industriell Porzellan fertigte. Die interessante Entwicklung ist im Selber Porzellanmuseum ansprechend dokumentiert. Nebenbei locken noch ein historischer Steinbruch und der alte Lokschuppen mit derzeit über 25 Exponaten. Wir gönnen uns in der netten Fußgängerzone von Selb ein leckeres Mittagessen, dann schwingen wir uns wieder aufs Motorrad. Zügig legen wir ein paar Kilometer auf der Bundesstraße Richtung Marktleuthen zurück und tauchen dann wieder in die schmaleren Nebenstrecken ein. Die erste führt uns als Abstecher nach Höchstädt im Fichtelgebirge. Hier, im so genannten Sechsämterland, unterhält der MSC Höchstädt seine europaweit bekannte 1800 Meter lange Motocross-Strecke, den KTM-Ring. Auf dem wird regelmäßig trainiert und gekämpft. Die interessante Anlage ist immer einen Besuch wert. Auch wir lassen unsere BMW auf dem Parkplatz stehen und sehen den Motocrossern eine Zeit lang neidisch zu. Macht sicher Spaß, aber dafür haben wir ganz sicher das falsche Gefährt. Das darf dafür anschließend wieder seine Qualitäten zeigen und uns in die nordwestlichste Ecke des Naturparks tragen. In großem Bogen nähern wir uns den beiden höchsten Bergen des Fichtelgebirges, dem Ochsenkopf und dem Schneeberg, beide deutlich über 1000 Meter hoch. Die Nähe der Berge ist deutlich zu spüren, immer kurvenreicher winden sich die Strecken ihnen entgegen. Alleine sind wir hier nicht. Eine ganze Reihe Motorradfahrer weiß offensichtlich diese Region zu schätzen. Bei einem Eis in Bischofsgrün, gleich zu Füßen des Schneeberges, kommen wir mit einigen von ihnen ins Gespräch, schwärmen vom Fichtelgebirge und tauschen Tipps aus. Skeptisch werde ich, als mich mein Gegenüber fragt, ob ich auch schon die Steilkurven des Ochsenkopfes befahren hätte. Angesichts meines zweifelnden Gesichtsausdruckes erklärt er mir lachend, dass er dabei die Steilkurven der Sommerrodelbahn meine. Zwar haben wir jede Menge Kurven im Fichtelgebirge genießen können, aber die fehlen uns noch. Aber egal welche Kurven man in dieser Region kennt, langweilig wird es zwischen dem Sechsämterland und der Wondrebsenke garantiert nie.

Unterwegs im Naturpark Steinwald (unten links). Weit ins Land schweift der Blick vom 19 Meter hohen Grenzlandturm (unten rechts).

Frank und FREI

So hoch her wie bei den Eidgenossen geht's in der Fränkischen Schweiz zwar nicht, aber auch ohne Höhenrekorde darf man ihre kurvigen Strecken frank und frei als Traumstraßen bezeichnen.

Üppige Wiesen, fruchtbare Felder, malerisch unter Bäumen halb versteckte Dörfer, kristallhelle Berggewässer, lustig und frisch über und durch Felsentrümmer dahinstrudelnd, fröhlicher Gesang der Vögel in den Lüften ...« Mit blumigen Worten schwärmte der amerikanische Schriftsteller Joseph Heller 1829 in seinem Reiseführer von der Fränkischen Schweiz oder dem »Muggendorfer Gebürg«, wie die Region damals noch hieß. Seinen Bewohnern hingegen bescheinigte der Privatgelehrte, sie seien »ein derbes, in seinen Sitten noch einfaches Völkchen«.

Nicht nur für Schräglagenfans ein Eldorado.

Auch jede Menge Sehenswürdigkeiten säumen den Weg durch die Fränkische Schweiz

Seine deutlichen Worte über die Bewohner dieser traumhaften Karstlandschaft können wir zwar nicht bestätigen, seine Lobpreisungen über die Landschaft haben aber auch heute, 178 Jahre später, ihre Berechtigung. Und nicht weniger ansprechend als die Flusstäler und Hochflächen sind zumindest für Motorradfahrer die kurvenreichen Straßen, die sich durch die Region winden und fantastische Touren ermöglichen. Unsere persönliche Traumtour durch die Fränkische Schweiz beginnen Kiki, die beste Sozia der Welt, und ich in Gößweinstein. Schließlich hat die kleine Feriengemeinde mit dem TOURENFAHRER-Partnerhaus »Hotel Krone« das ideale Basislager für Ausfahrten in den Karst zu bieten. In Richtung Norden verlassen wir das sympathische Örtchen und finden auf dem griffigen Asphalt gleich jede Menge Spaß. Kaum sind die Reifen warm, lässt es sich schon in gewagte Schräglagen abtauchen unter einem blauen, strahlenden Himmel. Graue Felsen, gelb blühender Ginster und bunte Wiesenblumen huschen an uns vorüber. Fast wie ein Stroboskop blitzt uns die Sonne zwischen den dicht belaubten Ästen der Bäume rechts und links der Straße an. So haben wir sie uns vorgestellt, diese schon historische Urlaubsregion. Und auch die »kristallhellen Berggewässer« finden wir hier wieder. Mal rechts, mal links der Straße begleitet uns das glitzernde Nass.

Wir durchqueren Waischenfeld und Plankenfels auf namenlosen Dorfstraßen. Fachwerk und altes Gemäuer lassen die kleinen Gemeinden wie Freilichtmuseen wirken. Hoch über dem Tal der Wiesent streckt sich in Plankenfels das Schloss in den Himmel. Es ist eine abgeschiedene Gegend, trotzdem begegnen uns immer wieder andere Motorradfahrer. Kein Wunder, nur wenige Kilometer entfernt

Facettenreich zeigt sich die Landschaft. Selbst ein Ort wie Freienfels (unten Mitte) scheint ausgestorben, wenn nicht grad die Ritterfestspiele stattfinden.

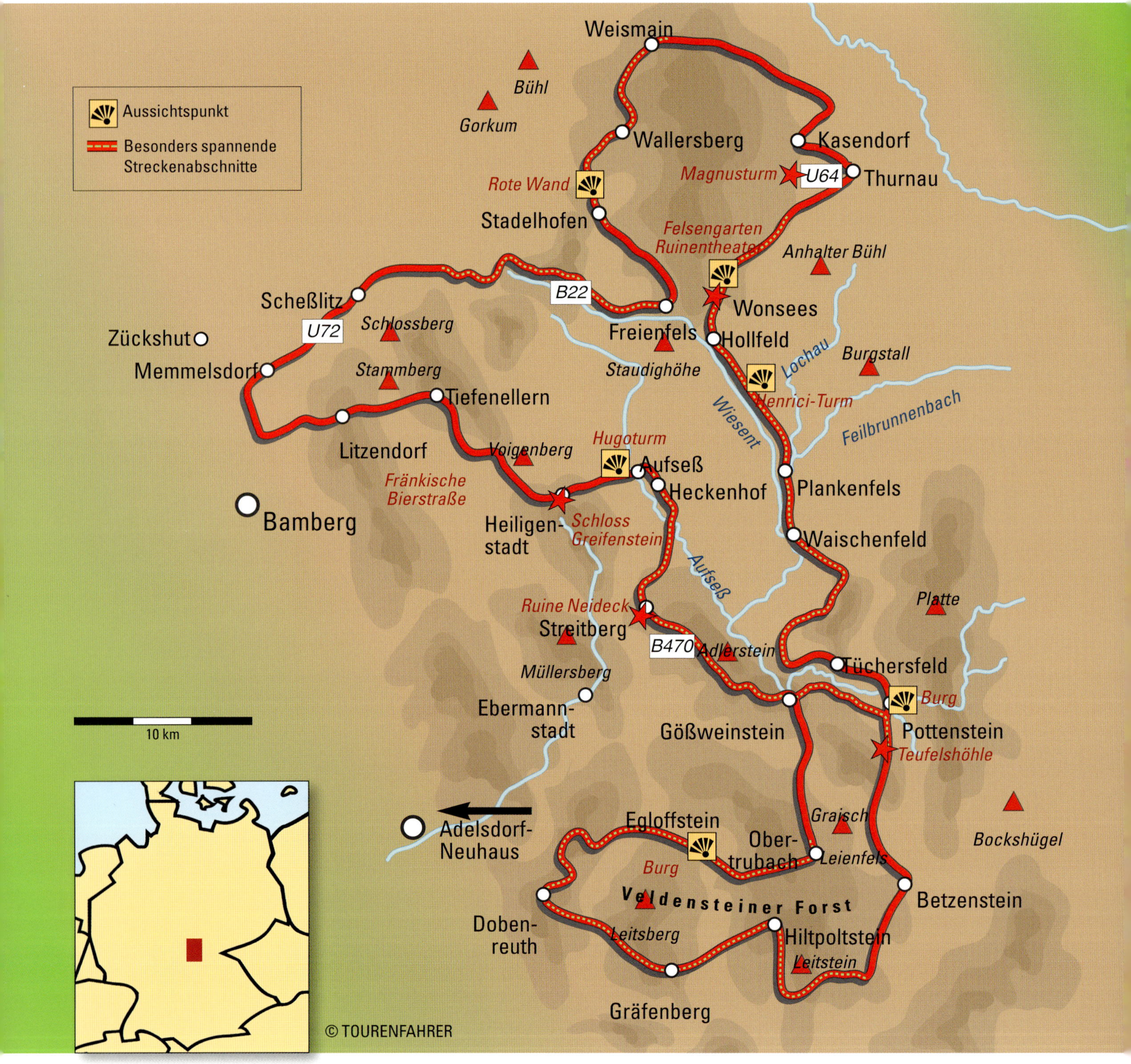
Aussichtspunkt
Besonders spannende Streckenabschnitte
Weismain
Bühl
Gorkum
Wallersberg
Kasendorf
Magnusturm
U64
Thurnau
Rote Wand
Stadelhofen
Felsengarten Ruinentheater
Anhalter Bühl
B22
Scheßlitz
Wonsees
Zückshut
U72
Schlossberg
Freienfels
Hollfeld
Lochau
Burgstall
Memmelsdorf
Stammberg
Staudighöhe
Henrici-Turm
Tiefenellern
Wiesent
Feilbrunnenbach
Litzendorf
Voigenberg
Hugoturm
Aufseß
Fränkische Bierstraße
Heckenhof
Plankenfels
Bamberg
Heiligenstadt
Schloss Greifenstein
Waischenfeld
Aufseß
Platte
Ruine Neideck
Streitberg
B470
Adlerstein
Tüchersfeld
Müllersberg
Burg
Ebermannstadt
Gößweinstein
Pottenstein
10 km
Teufelshöhle
Adelsdorf-Neuhaus
Egloffstein
Graisch
Ober-trubach
Leienfels
Bockshügel
Burg
Betzenstein
Veldensteiner Forst
Doben-reuth
Leitsberg
Hiltpoltstein
Leitstein
Gräfenberg
© TOURENFAHRER

INFORMATION

Gebiet: Franken
Region: Fränkische Schweiz
Streckenlänge: ca. 300 km
Zeitaufwand: Tagestour. Lohnenswerte Stopps und jede Menge Sehenswürdigkeiten lassen schnell eine Zwei- oder Drei-Tages-Tour daraus werden.
Besonderheiten: Beeindruckende Karstlandschaft mit unzähligen Nebenstrecken.
Sehenswert: Bamberg am westlichen Rand der Fränkischen Schweiz ist unbedingt einen Besuch wert, Infos unter www.bamberg.de.
170 Burgen gibt es in der Fränkischen Schweiz, viele sind zu besichtigen. Ein Eldorado für Freunde alter Festungen. Mehr Infos unter www.fraenkische-schweiz.com/burgen/.
Auch die große Zahl der Höhlen im Karst ist bemerkenswert. Die Sophienhöhle bei Burg Rabenstein im Ahorntal ist eine der schönsten Tropfsteinhöhlen Deutsch-lands. Infos: www.sophienhoehle.de.
Das Fränkische-Schweiz-Museum bei Pottenstein-Tüchersfeld informiert umfassend über die Region. Infos unter www.fsmt.de.

Auf den Sträßchen ist man häufig allein unterwegs.

Die perfekte Kurve? Nur eine von vielen (rechts). Orte zum Träumen: beim Blick auf Pottenstein, dem Fahren durch eine Allee und kurzer Rast in Thurnau (oben, von links nach rechts).

lockt »Kathi-Bräu«, der interessanteste Motorradtreff weit und breit. Uns ist es noch zu früh für einen Stopp, also halten wir uns weiter Richtung Norden, wo man zwischen Hollfeld und Thurnau fast seekrank wird vor lauter Kurven. Aber nicht nur Schräglagenfans finden hier ihr Eldorado, auch jede Menge Sehenswürdigkeiten säumen den Weg durch die Fränkische Schweiz. Wer nicht nur fahren möchte, klettert bei Wonsees durch den Felsengarten mit seinem Ruinentheater, besucht die Burg Zwernitz oder besichtigt die Tropfsteinhöhlen und Aussichtstürme der Region. Und wer Lust hat, kann sich sogar auf Schloss Thurnau das JaWort geben. Weniger folgenschwer ist dagegen ein Besuch bei den Thurnauer Frankenlamas, den vierbeinigen Rasenmähern im Lama-Zuchtbetrieb von Ilse und Werner Köhler. Kiki und ich verzichten für heute auf so ein wolliges Mitbringsel, klettern wieder auf die BMW und tauchen erneut im Grün der Landschaft unter. Vorbei an gewaltigen Holzstapeln, karstigem Gestein, Höhlen und Ruinen halten wir uns bald wieder gen Süden. In Freienfels, wo regelmäßig eine der größten deutschen Mittelalterveranstaltungen, die Freienfelser Ritterspiele, stattfinden, biegen wir auf die B22 ab. Entlang des Flüsschens Wiesent führt die Bundesstraße in Richtung Bamberg, wird wenige Kilometer vor der Frankenmetropole zu einem Teil der Fränkischen Bierstraße. Mit rund 200 Brauereien hat die Region die höchste Brauereidichte der Welt, immerhin stammen etwa 1000 verschiedene Biere aus dem Bierland Oberfranken. Mit Sorgenfalten auf der Stirn erinnert mich die beste Sozia der Welt lieber schnell daran, dass sich Biertrinken und Motorradfahren nicht wirklich zeitgleich vertragen.

IST DIE GRENZE DES NATURPARKS ERREICHT,

WILL DIE VEGETATION SCHEINBAR NOCH MAL ALLES ZEIGEN, DEMONSTRIERT SIE DIE GANZE VIELFALT DER REGION

In Bamberg lassen wir die BMW im Schatten der Innenstadt ausrollen. Zu Fuß erkunden wir die engen Gassen und das Zentrum der fränkischen Kaiser- und Bischofsstadt. Nicht umsonst wurde die gesamte Altstadt von der UNESCO zum Weltkulturerbe erklärt; Bambergs Anblick dürfte wohl jeden begeistern.

Über einen weiteren Teil der Fränkischen Bierstraße kurven wir noch ein bisschen durchs Land, dann steuern wir wieder Aufseß an. In Heckenhof, einem kleinen Ortsteil oben auf der Kuppe, passt die Zeit nun besser, den wohl bekanntesten Motorrad-Treffpunkt Nordbayerns anzusteuern, das »Kathi-Bräu«. Kathi Meyer, die Brauerin, lebt nicht mehr, aber immer noch wird das dunkle, würzige Bier gebraut. Klar, wer mit dem Mopped hier ist, muss sich da zurückhalten, aber es gibt auch köstliche fränkische Vesperplatten und andere leckere Gerichte. Einige hundert Motorradfahrer rollen hier an guten Tagen ein, und es ist fast immer etwas los, selbst mitten unter der Woche. Bevor man wieder aufbricht, sollte man unbedingt eine Runde zwischen den geparkten Moppeds drehen. Da steht meist das eine oder andere hochinteressante Objekt, und ins Gespräch kommt man hier auch recht flott.

Entlang des gleichnamigen Flüsschens Aufseß verlassen wir den Treff, um wenige Kilometer weiter wieder in das Wiesenttal abzubiegen. Den schnellen Kurven der B 470 folgen wir erneut in Richtung Gößweinstein. Die Wiesent teilt sich hier das Tal mit der Straße und der Eisenbahn. Grandiose Arbeit hat das fließende Wasser geleistet, in wilden Schwüngen arbeitete sich der Flusslauf durch die bergige Landschaft, und zu Füßen des rund 530 Meter hohen Adlerstein freuen wir uns über die knackigen Kurven, die der Fluss vorgegeben hat. In Tüchersfeld mit seinen markanten hohen Felsen mitten im Dorf passieren wir das Fränkische-Schweiz-Museum. Das regionale Landschaftsmuseum erklärt nicht nur die Geologie und Entstehung der Fränkischen Schweiz, in anschaulicher Weise wird auch über Geschichte und Leben der Menschen dieser Region berichtet. Nur wenige Kilometer weiter rollen wir durch

ein weiteres städtebauliches Kleinod, Pottenstein. Hoch über dem Dorf thront die Burg, die älteste Festung der Fränkischen Schweiz. Mit der 614 Meter hohen »Platte«, der höchsten Erhebung der Region, liegt etwas nördlich von Pottenstein zudem ein fantastischer Aussichtspunkt. Ich lenke die ST aber in südlicher Richtung, vorbei an der Teufelshöhle, entlang der Burgenstraße. Über Betzenstein erreichen wir bald den südlichsten Punkt der Tour und damit auch die Grenze des riesigen Naturparks Fränkische Schweiz / Veldensteiner Forst. Und hier, so scheint es, will die Vegetation noch mal alles zeigen. Dichte Wälder, bergige Landschaften und großartige Panoramen wechseln einander ab, demonstrieren noch einmal die ganze Vielfalt der Region. Trotz aller Schönheit sind wir scheinbar die Einzigen, die in dieser Ecke auf dem kurvigen Asphalt unterwegs sind. Hier und da ein Zweiradfahrer, mal mit, mal ohne Motor, kaum jemals ein Auto. Ein ideales Terrain, die Schräglagenfreiheit der BMW noch mal richtig zu nutzen. Bei Egloffstein drossele ich das Tempo dann doch wieder. Es wäre einfach zu schade, keinen Blick auf die mächtige Burg zu werfen, die das Stadtbild des Dorfes beherrscht. Bei Obertrubach drehen wir zum letzten Mal gen Norden, und dann sind es nur noch wenige Kilometer, bis wir endgültig in Gößweinstein unsere Traumtour durch die Fränkische Schweiz ausklingen lassen. Aber garantiert war es nicht das letzte Mal, dass wir dieser fantastischen Landschaft unsere Aufwartung machen, von der Joseph Heller vor 178 Jahren auch sagte: »Unter die reizendsten und angenehmsten Gegenden Deutschlands gehört gewiss jene um Muggendorf.«

Bei Pottenstein tritt markanter Fels aus dem Grün, in Tüchersfeld ist er zu bizarren Türmen geformt, an die sich die Häuser klammern. Am Kathi-Bräu, dem bekanntesten Treff, ist immer was los (von links nach rechts)

Tausend-sassa

Land der Tausend Berge nennen die Sauerländer ihre Heimat. Aber wer als Motorradfahrer herkommt, wird es wohl eher Land der Tausend Kurven taufen.

Das Land der tausend Berge – so nennen viele Sauerländer liebevoll ihre Heimat. Angeblich sollen es sogar 2711 Berge sein, die sich in diesem Teil des Rheinischen Schiefergebirges zwischen 100 und rund 850 Metern in die Höhe recken. Die exakte Zahl all dieser Erhebungen weiß wohl niemand so genau. Muss auch nicht, Hauptsache, sie sind da. Denn bekanntlich sind da, wo die meisten Berge sind, auch die Straßen am schönsten. Vor allem für spaß- und erlebnishungrige Motorradfahrer, die Lust auf gelungene Touren haben. Und wer das hat, der ist im Sauerland gut aufgehoben.

Unsere Entdeckungsfahrt beginnen Kiki, die beste Sozia der Welt, und ich am Biggesee vor Martin Lüttickes Haustür. Martin betreibt in Drolshagen-Dumicke das TOURENFAHRER-Partnerhaus Dumicketal. Und wenn es um gelungene Touren geht, ist GS-Treiber Martin Fachmann. Bei einem Kaffee sitzen wir zu dritt auf der Terrasse, die Karte liegt auf dem Tisch, und Martin schwingt den Bleistift. Wo welcher Moppedtreff ist, welche Kurven am meisten Spaß machen, wo die besten Kuchen oder Panoramen geboten werden – Martin weiß genau, worauf es ankommt.

Kurven auf vier Kilometer verspricht

Verkehrszeichen 105-20 »Doppelkurve – zunächst rechts«. Glatt gelogen, es sind unzählige Kurven

Keine zwanzig Minuten später sind wir unterwegs. Ich steuere die BMW gen Norden, entlang des Biggesee-Ufers. Noch ist kaum etwas los auf der Straße. Dichtes Grün huscht vorbei, durch die Bäume und Büsche glitzert die Wasseroberfläche. Ein paar Meter weiter kurvt das erste schneeweiße Ausflugsschiff des Tages durch das Nass. Bei den letzten Ausläufern der Talsperre heißt es Aufpassen. In Heggen geht es links ab nach Plettenberg. Und schon finden wir uns auf einer der viel gepriesenen, kurvenreichen Sauerlandstraßen wieder. In großzügigen Schwüngen arbeitet sich der Asphalt in die Höhe und erlaubt fantastische Überblicke über die Region. Während wir noch am Waldrand durch den Schatten fahren, strahlen die Wiesen, Felder und Wälder jenseits des Tales schon in der Sonne. Noch ein paar Schräglagen, dann rollen wir nach Plettenberg hinein. In der »Vier-Täler-Stadt« – sie wird berührt von Lenne, Else, dem Grüne- und dem Osterbach – versorgen wir uns für ein geplantes Picknick. Dann stürzen wir uns wieder in Schräglage.

In Arnsberg strahlt das Weiß der Fachwerkhäuser mit dem Glockenturm um die Wette (rechts), gleich dahinter beginnt der Naturpark Arnsberger Wald (rechts unten). Am Motorradtreff Stavros sollte besser kein Angststreifen mehr am Reifen sein (unten links). Früher Aufbruch am Biggesee. Für die einen zur ersten Seefahrt des Tages, für uns in eine Achterbahn der Kurven (unten).

Es grüßt Euch die Altstadt

AW RT 5

Aussichtspunkt
Besonders spannende Streckenabschnitte
Motorradtreff Geronimo
Delecke
Westendorf
Möhne-Talsperre
Arnsberger Forst
Warstein
Breitenbruch
Hirschberg
229
Maximiliansbrunnen
Großer Berg
Ruhr
Arnsberg
Oeventrop
Wennemer Höhe
Ebberg
Olpe
Meschede
Motorradtreff Stavros
Sorpe-Talsperre
Balve-Binolen
Balve
Sundern
Hoher Ransen
Hennesee
Hellefeld
Grevenstein
Allendorf
Wenholthausen
Meinken-bracht
Reiste
Baukloh
Eslohe
Bremke
Plettenberg
Lenne
Naturpark Homert
Finnentrop
Bad Fredeburg
Heikersköpfchen
Hülschotten
Heggen
Schmallenberg
Attendorn
Fleckenberg
Kahler Asten
Wilzenberg
Himberg
Biggesee
Schäferhof
Lennestadt
55
Rhein Weser-Turm
Herrnscheid
Hohe Bracht
Kirchhundem
Naturpark Rothaargebirge
Drolshagen
Olpe
Auf dem Höchsten
Röspe
10 km
© TOURENFAHRER

INFORMATION

Gebiet: Süd-Westfalen
Region: Sauerland
Streckenlänge: ca. 250 km
Zeitaufwand: Tagestour. Einige lohnenswerte Stopps können aber schnell eine Zweitagestour daraus werden lassen.
Besonderheiten: Viele Seen laden im Sommer zum Abkühlen, Badesachen nicht vergessen.

Sehenswert: Die Attahöhle bei Attendorn bietet das größte zusammenhängende Höhlensystem in Deutschland. Zudem ist es angenehm kühl dort unten.
Arnsberg mit seiner Altstadt begeistert – Motorrad abstellen und zu Fuß erkunden.
Der Moppedtreff Geronimo am Möhnesee ist meist gut besucht – interessante Typen und Motorräder.
Ein kurzer Abstecher nach Warstein in die Brauerei schließt alle Bildungslücken rund um den köstlichen Gerstensaft.
Das Sauerland bietet eine Unmenge schöner Orte, Museen, Seen und Sehenswürdigkeiten. Dazu jede Menge Infos unter www.sauerland.com mit Extra-Seiten für Motorradfahrer.

Lennebergland nennt sich die Ecke im Naturpark Homert, in der wir hier unterwegs sind. Und natürlich folgt die Straße wieder einem der unzähligen kleinen Flüsschen, die sich hier seit Tausenden von Jahren in den Schiefer und den Karst gearbeitet haben. Gut gemacht, kann ich nur sagen. Dank des unermüdlichen Rinnsals darf man sich hier an spannenden Kehren und Biegungen erfreuen.
Kurven auf vier Kilometer verspricht das Verkehrszeichen mit der amtlichen Bezeichnung »105-20 Doppelkurve – zunächst rechts«. Glatt gelogen, nicht eine Doppelkurve, sondern Dutzende, und auch nicht vier Kilometer, sondern mindestens doppelt so viele sind es bis Allendorf – eine echte Traumstraße.

Im Sauerland-Städtchen Allendorf erwecken ein Stuhl und ein Tisch unsere Aufmerksamkeit. Nein, kein Sperrmüll, sondern tonnenschwerer Stein. Hier tagte im späten Mittelalter und auch noch danach das Femegericht, zuständig für schwere Verbrechen. Oft tagte es im Frei en, wurde daher auch Freigericht oder Freistuhl genannt. In Allendorf fand das letzte Femegericht noch im Juli 1786 statt. Pech für die Angeklagten, Revision gab es damals nicht. Nach der ersten Instanz war Schicht. Das Schwert und der Strick, die auf dem steinernen Tisch liegen, symbolisieren den finalen Ausgang der Prozesse.

Keine zwei Kilometer hinter Allendorf erreichen wir den nächsten Stausee, den Sorpesee. Die Straße schlängelt sich entlang des Ufers und führt zum nächsten Tipp Martins, dem Moppedtreff Stavros bei Langscheid. Jede Menge Biker treffen sich hier zum Frühstück, vielleicht auch zum zweiten. Auch wir gönnen uns noch einen Koffeinkick, dann düsen wir weiter nach Arnsberg. Die befestigte, kopfsteingepflasterte Altstadt rund um den Maximiliansbrunnen mit ihrem im-

Schmalspurbahn. Liebhaber kleinster Sträßchen werden im Sauerland verwöhnt (Seite 41). Gedenken ans Femegericht in Allendorf. Wie hier die Urteile ausfielen, symbolisieren Schwert und Strick.

Alle naselang: Schrägsekunden mit Gegenverkehr (rechte Seite rechts). Pflichtprogramm: Stadtrundfahrt durch Arnsberg. Besser noch: die idyllische Altstadt zu Fuß erkunden (rechte Seite links).

posanten Glockenturm ist ein Traum. Schneeweiße Fachwerkhäuser strahlen mit dem Turm um die Wette, dichte, kugelrunde Laubbäume spenden wohltuenden Schatten, während das Brunnenwasser die passende plätschernde Geräuschkulisse schafft – Idylle pur.

Gleich hinter Arnsberg beginnt der Naturpark Arnsberger Wald. Die B 229 bringt uns mitten durch ihn hindurch an den Möhnesee. Über zwei Brücken gelangen wir an das Nordufer. Biegt man dann gleich links ab, sind es nur noch wenige Meter bis zum Café Geronimo, ebenfalls ein beliebter Motorradtreff. »American Restaurant & Music Bar« nennt sich das gut besuchte Haus mit der sympathischen Atmosphäre. Häuptling und Namensgeber Geronimo steht überlebensgroß aus Holz gleich neben der Eingangstür. Wir halten hinter dem See nach Osten, folgen dem Seeufer und durchqueren dann den Arnsberger Wald wieder gen Süden. Dass wir dabei wieder Schlangenlinien fahren, zum Beispiel zwischen dem 509 Meter hohen Neuen Berg und dem 412 Meter hohen Lattenberg hindurch, versteht sich schon fast von selber. Übrigens, genau in der Mitte der Strecke durch den Naturpark liegt der kleine Ort Hirschberg. Von dort sind es gerade mal sieben Kilometer bis Warstein, wo seit 1753 das gleichnamige Pils gebraut wird. In einem riesigen Besucherzentrum kann man sich dort alles über das Bier erklären lassen und einen tiefen Einblick in die Bierbraukunst erhalten. Zudem lockt dort der Biergarten. Uns zieht es aber weiter, trinken können wir sowieso nichts, und schließlich sind wir ja zum Motorradfahren hier.

JEDES DRITTE NUMMERNSCHILD IST EIN GELBES.

KLAR, DER KAHLE ASTEN WIRD JA AUCH GERN ALS DER HÖCHSTE BERG HOLLANDS BEZEICHNET

Bei Oeventrop kreuzen wir die A 46 und fahren einen Halbkreis über Hellefeld, Meinkenbracht und wieder nordwärts nach Grevenstein. Hätten wir so nie gemacht, aber Martin hielt es für sinnvoll. Gut, der Mann! Wir umrunden damit eine 530 Meter hohe namenlose Kuppe und das natürlich nicht einfach in kreisrundem Bogen. »Vielleicht sollte man das Land der tausend Berge umbenennen in das Land der hunderttausend Kurven«, meint Kiki zu Recht. Ein paar Kilometer, dann überqueren wir in Wenholthausen die Wenne. Der Blick von der Brükke auf den plätschernden Bach lässt mich abrupt bremsen. Unter den erschreckten Augen der weltbesten Sozia wende ich die RT auf der schmalen Straße, rolle ein paar Meter die Uferwiese hinab. »Kneippkur«, verkünde ich fröhlich, klettere von der BMW, schmeiße Stiefel samt Socken von mir und kühle meine Beine in den Fluten. Fantastisch, das sollte man sich viel öfter gönnen.

Noch ein Stück, dann verlassen wir den Naturpark Homert, folgen für eine Hand voll Kilometer zügig der B 55 und biegen bei Landenbeck wieder auf schmale Nebenstrecken ab. Dass uns hier ab und an dennoch Motorradfahrer entgegenkommen, zeigt die Beliebtheit der Region bei der Zweiradfraktion. Schon gestern fiel uns auf, dass fast jedes dritte Motorrad ein gelbes Nummernschild trägt. »Klar«, meinte Martin mit einem verschmitzten Grinsen dazu, »der Kahle Asten ist ja auch der höchste Berg Hollands.«

Unsere Route führt uns durchs Fredeburger Land. Hier werden die Berge noch mal eine Spur höher. Kurz vor dem immerhin 792 Meter hohen Heikersköpfchen, einem beliebten Skigebiet, schwenken wir nach rechts auf Schmallenberg zu. Ganze elf Gewässer durchziehen Schmallenbergs Stadtgebiet, das schon seit über 2000 Jahren besiedelt ist. Schmallenberg dürfte sich zu Recht als Museumsstadt bezeichnen. Ein Schieferbergbau- und Heimatmuseum, ein Waldarbeitermuseum, ein Kloster- und ein Gerichtsmuseum sowie ein Museumshof und ein Kunsthaus finden sich hier. Und der historische Stadtkern könnte glatt als Freilichtmuseum durchgehen.

Die touristische Straße »Oranier-Route« verlässt Schmallenberg südlich. Wir folgen ihr und tauchen damit in den Naturpark Rothaargebirge ein. Das hat nichts mit einem roten Haarschopf zu tun. Der Name leitet sich aus der alten Bezeichnung Rod-Hardt-Gebirge ab, was so viel wie gerodetes Wald-Gebirge bedeutet. Und damit ist auch gleich skizziert, wie es hier aussieht. Zwar nicht mehr gerodet, aber waldig und gebirgig ist es hier allemal. Bei Fleckenberg folgen wir mal wieder Martins guten Tipps. Nach links geht es in eine kleine unauffällige Nebenstraße Richtung Jagdhaus. Dort residiert der Schäferhof. Und wenn es im Sauerland leckere, günstige Kuchen gibt, dann dort. Schon der volle Parkplatz weist darauf hin, dass der Schäferhof nicht unbekannt ist. Und tatsächlich, einen Platz bekommen wir nicht, es ist gerappelt voll. Trotzdem lockt uns noch die Aussicht auf einen Kaffee. Den bekommen wir dann auch gut 30 Kilometer weiter, unterhalb des Rhein-Weser-Turms. Auch hier treffen sich regelmäßig Motorradfahrer, trotz des späten Nachmittags ist der Parkplatz jetzt noch gut gefüllt. Besagter Kaffee ist schnell geordert und in Ruhe getrunken. Wem es vorne am Restaurant zu laut und zu hektisch ist, der rollt einfach 100 Meter weiter. Direkt am Turm sitzt man um einiges ruhiger.

Mit einem letzten Abstecher auf die 599 Meter Hohe Bracht halten wir uns dann wieder in Richtung Biggesee. Von der Bracht gibt es einen fantastischen Rundblick und am Biggesee noch ein paar Sonnenstrahlen, bevor sich die Sonne hinter die Sauerländer Wälder zurückzieht. Zeit, ins Haus Dumicketal zurückzukehren. Leckeres Essen lockt, hier dürfen wir dann auch dem vorhin entgangenen Warsteiner frönen, und vielleicht hat Martin für morgen ja noch so einen perfekten Tipp für uns.

Himmel und Hölle

Traumstraße in der Eifel, das heißt für viele Biker: Ab in die Grüne Hölle. Unser Autor weiß es besser. Die schönsten Routen starten bei ihm vor der Haustür, und seine ganz persönliche Traumstraße führt Motorradfahrer in den siebten Himmel.

Gerade mal sechs Uhr ist es, als wir die Haustür hinter uns abschließen. Nein, es ist kein Muss. Man kann auch zu einer gesitteteren Zeit aufstehen und losfahren. Aber nur die wenigsten wissen, was einem dann entgeht. Wir wissen es, denn wir wohnen hier. Im »Tor zur Eifel«, dem kleinen Dorf Kordel, nur wenige Meter von der Römerstadt Trier entfernt. Und so ist es noch ziemlich dämmerig, als die BMW das Dorf verlässt und mit niedriger Drehzahl entlang der Kyll in Richtung Norden rollt. Kühle Nebelschwaden hängen noch über den Feldern und Wiesen neben der Straße, steigen aus dem plätschernden Wasser des Baches auf. In tausend kleinen Tropfen lassen sie sich auf der Scheibe der Verkleidung nieder. Genauso viele Wassertröpfchen lassen die Spinnennetze zwischen den Grashalmen und Büschen im ersten Licht des Morgens um die Wette glitzern. Es wäre nicht ratsam, jetzt und hier, zwischen Kordel und Zemmer, an den Ufern der Kyll, schon kräftig Gas zu geben. Zur noch weitgehend intakten Fauna der Südeifel gehören Wildschweinrotten und Rotwildbestände, und die zieht es in der Frühe zurück von den Wiesen und Flussufern in die schützenden Wälder, wobei sie wohl kaum Rücksicht auf heranfliegende Motorradfahrer nehmen. Bald verlassen wir das Kylltal, steigen mit den ersten Serpentinen hoch auf die Fidei, das Hochland rund um Zemmer. Oben scheinen uns die ersten Strahlen der aufgehenden Sonne ins Gesicht. Der Blick auf das umliegende Land ist fantastisch. Die Sonne leuchtet rot knapp über dem Horizont, wie Scherenschnitte schälen sich Bäume und Büsche aus dem Frühnebel. Die Rinder auf den Weiden, beim Frühstück im feuchten Gras zwischen dampfenden Misthaufen, schauen uns neugierig hinterher – Idylle pur. Hier oben im offenen Land treibe ich die BMW etwas schneller an, passiere bald die amerikanische Airbase Spangdahlem und tauche hinter Schwarzenborn wieder in dichte Wälder.

Die Sonne leuchtet rot über dem Horizont

Wie Scherenschnitte schälen sich Büsche und Bäume aus dem Frühnebel

Das Zisterzienserkloster Himmerod huscht an uns vorbei. Schon öfter haben wir hier auf eine Tasse Kaffee vorbeigeschaut, jetzt liegt noch alles in morgendlicher Ruhe. Wenige Kilometer, aber viele Kurven später fahren wir nach Man-

Kurz vor der Hohen Acht hat man den besten Blick auf den Nürburgring (unten links). Zwischenstopp bei Zisterziensern. Im Kloster Himmerod warten Kaffee und Kuchen (unten Mitte). Folklorefestival in der Bierstadt Bitburg (unten). Zwischen den Holzlagern bekommt auch mal ein Boxer eine Wasserkühlung (rechte Seite). Balsam für die Seele: Sonnenaufgang auf der Fidei (Seite 49).

Vossenack
Nideggen
Schmidt
Euskirchen
Heimbach
Rurtal-
sperre
Kloster Mariawald
Rheinbach
Simmerath
Erft
Urfttal-
sperre
Monschau
Bad Münstereifel
Nöthen
Schleiden
Kall
258
Rur
Urft
Altenahr
Ahrweiler
Himberg
Oleftalsperre
Radioteleskop
Effelsberg
Hellenthal
Ahrbrück
Reifferscheid
Burg Reifferscheid
Marmagen
Wildenburg
Wershofen
Teufelsley
Blankenheim
Weißer Stein
Hirzberg
Hohe Warte
Aremberg
Ahr
Heidenkopf
Kronenburger
See
Hohe Acht
Adenau
Stadtkyll
Üxheim
Bar-
weiler
256
Lissendorf
Nürburgring
Hillesheim
Prümer Kopf
Dreis-Brück
Hochkelberg
Schwirzheim
Ruine Hartelstein
Kopp
Ernstberg
Gerolstein
Aussichtspunkt
Besonders spannende
Streckenabschnitte
Daun
Birresborn
Vulkaneifel
Mäuseberg
Daxelberg
Manderscheid
Oberburg/
Niederburg
Malberg
Kyllburg
Kloster
Himmerod
Bitburg
Spangdahlem
Wittlich
Kyll
Mecklerhöhe
Zemmer
Mosel
10 km
Welschbillig
Kordel
© TOURENFAHRER

INFORMATION

Region: Eifel
Streckenlänge: ca. 360 km
Zeitaufwand: Früh aufstehen, nicht allzu viele Pausen, dann ist es eine Tagestour. Das wäre aber schade, jede Menge Sehenswürdigkeiten und schöne Ecken laden zu einer Zwei- oder Drei-Tages-Tour.
Besonderheiten: sehr vielfältige Landschaft, viele schmale Nebenstrecken.

Sehenswert: Monschau und Bad Münstereifel mit ihren mittelalterlichen Ortskernen sind unbedingt zu empfehlen. Infos: ww.monschau.de und www.badmuenstereifel.de.
Der Nürburgring mit seinen Attraktionen ist vor allem für Motorsportfans ein Muss. Im Fahrsicherheitszentrum laufen ständig Motorradsicherheitstrainings. Weitere Infos: www.nuerburgring.de.

Einen zusätzlichen Abstecher ist die Strekke rund um den Rurstausee wert.
An der Staumauer treffen sich Motorradfahrer, die Strecken sind beliebtes Biker-Revier. Vorsicht, zahlreiche Polizeikontrollen. In der Südeifel lockt die Bitburger Brauerei mit Führungen durch ihre Betriebsstätte. Dazu mehr unter www.bitburger.de.

derscheid hinein. Eigentlich müssten wir weiter Richtung Norden, aber wir machen einen kurzen Abstecher, folgen dem Schild »Zu den Burgen«. Zwei imposante Burgruinen sind es, die sich in Manderscheid, fast kurios anmutend, nur einen guten Steinwurf voneinander entfernt gegenüberliegen. Während in der Niederburg die Herrscher des Herzogtums Luxemburg ansässig waren, residierten in der Oberburg die feindlich gesinnten Vertreter des Kurfürstentums Trier. Vom Parkplatz am linken Straßenrand hat man einen tollen Blick auf die einst wehrhaften Burgen, die auch zur Besichtigung geöffnet sind.

Gleich hinter Manderscheid beginnen dann fantastische Nebenstrecken, die durch die Vulkaneifel führen. Hier brodelte einst das Land und hinterließ ein einmaliges Relief mit kreisrunden Maaren, riesigen Lavabrüchen, aufragenden Bergen und tiefen Tälern. Nur kurz unterbrochen vom Eifelzentrum Daun führen die kleinen Landstraßen, die auf der Karte allesamt mit grünen Markierungen hinterlegt sind, vorbei an Hillesheim bis kurz vor den Nürburgring. Klar, wer über die Eifel schreibt, kommt nicht um den Nürburgring herum. Vom Motorsport bis zum Erlebniszentrum, vom Offroad-Park bis zum Fahrsicherheitszentrum – rund um die schon 1927 eingeweihte Rennstrecke ist ein riesiges Areal mit noch größerem Angebot entstanden. Heute lassen wir die Anlage links liegen, rauschen zügig vorbei und biegen einige Kilometer später an der Hohen Acht wieder schlagartig in die ruhigsten Lagen der Hohen Eifel ab. Enge Kehren und Serpentinen führen hinunter ins Tal. Nur ganz wenige Autos und einige Motorradfahrer sind

Tief im Westen: unterwegs in der Schneifel (oben).
Macht Mordsspaß: der Eifelkrimi-Wanderweg (rechte Seite rechts).
Kunst im Kreisverkehr: Biker in Gerolstein (rechte Seite links).

hier am Heckenbach unterwegs. Bei Kesseling halte ich mich in Richtung Ahrbrück, und einige Minuten danach rollen wir bei Jochen Retzmann aus. Seit 2003 betreibt Jochen das Café-Bistro Ahrwind. Ein urgemütlicher Laden, in dem man bei einem leckeren Frühstück oder Mittagessen in Motorradzeitschriften der Fünfziger-Jahre blättern kann. Hier finden sich immer Moppedfahrer zum Quatschen und Fachsimpeln, Sehen und Gesehenwerden. Weiter über die enorm kurvenreiche Strecke zwischen Altenahr und Bad Münstereifel. Aber bitte nicht übertreiben – die letzten Kilometer zwischen Scheuerheck und Münstereifel sind als Unfallstrecke bekannt und haben schon Schlimmeres als nur Blechschäden gesehen. Vor Bad Münstereifels Stadttor findet sich immer ein Parkplatz fürs Motorrad. Das mittelalterliche Fachwerk, die Burg, die kleinen Gässchen und die Stadtmauer erkundet man am besten zu Fuß.

Direkt hinter dem kleinen Städtchen im Tal der Erft geht es weiter über Nöthen zu Füßen des Himbergs bis Marmagen. Über langgestreckte Höhenzüge, von denen die Ausblicke weit hinaus in das Land des Naturparks Nordeifel reichen. Von Marmagen aus sind es nur ein paar Kilometer bis zu einer der schönsten Eifel-Etappen überhaupt. Ab Gemünd führt ein geschlängelter Kurvenlindwurm vorbei an der Abtei Mariawald nach Heimbach, von dort nach Nideggen und über Schmidt nach Vossenack. Die Strecke ist beliebt bei Motorradfahrern – nicht nur aus dieser Region. Gelbe Nummernschilder sehen wir zuhauf, flachlandgeplagte Niederländer holen sich hier regelmäßig den Kurvenkick, und auf dem Aussichtspunkt oberhalb des Burgenstädtchens Nideggen kommen wir sogar mit zwei Engländern ins Gespräch, die regelmäßig in die Ardennen und die Eifel rauschen.

Weites Land, wenige Weiler, einige Höfe

Hier fährt nur, wer hierhergehört. Oder eben begeisterte Biker

Mit Nideggen und Vossenack haben wir die nördlichste Ecke unserer Eifeltour erreicht, ab nun geht's wieder gen Süden. Die Fachwerkidylle Monschau ist nächstes Ziel. Wer Monschau nicht gesehen hat, hat etwas verpasst. Die historische Stadt an der Rur lädt mit kopfsteingepflasterten engen Gassen, schieferverkleideten und windschiefen uralten Häusern und nicht zuletzt einer Burg zu Entdeckungstouren ein. Über steile Trampelpfade und brüchige Treppen lassen

sich zudem die Berghänge rechts und links erklimmen, was mit einer überwältigenden Aussicht auf das Dorf im Tal belohnt wird. Monschau ist der richtige Ort zum längeren Verweilen, und ein abendlicher Spaziergang in den spärlich beleuchteten Gassen versetzt einen beinahe ins Mittelalter.

Kurz über die gut ausgebaute B 258 bis Schöneseiffen, dann rechts ab, und schon stellen die Nebensträßchen den Gleichgewichtssinn wieder auf eine harte Probe. Durch dichtes Grün, kleine schattige Wälder, und immer wieder taucht man ein in den Farbenrausch sattgrüner Wiesen mit gelb leuchtendem Ginster und goldbrauner Felder mit rot leuchtendem Mohn und blauen Kornblumen. Dazwischen Hingucker wie Hellenthal, Reifferscheid, die Wildenburg und vor allem das historische Eifelstädtchen Blankenheim, in dem mitten im Dorf in einem Keller die Ahr entspringt.

Hinter Blankenheim wird es noch ländlicher, obwohl das doch kaum möglich schien. Weites Land, nur wenige Weiler, einige Aussiedlerhöfe. Hier fährt nur, wer hierhergehört. Oder eben begeisterte Biker. Irgendwann erreichen wir wieder das Kylltal. Die Ufer der glasklaren Kyll, an der wir uns entlangtasten, laden zum Picknick ein oder einfach nur zum In-der-Sonne-Liegen. Wir lassen die BMW im Grünen ausrollen, hauen uns ein bisschen ins Gras. Die plätschernden Wellen beruhigen, lassen Kiki und mich fast eindösen. Wäre auch egal, denn wenige Kilometer weiter können wir ja unsere Haustür aufschließen. Und entgangen ist uns heute ganz bestimmt nichts.

Inspiration für Eifelkrimis: Tümpel bei Berndorf (rechte Seite).
Neue Heimat: Hochlandrinder in der Hohen Eifel (unten links).
Froschkönigs Heimat: Brunnen in Mürlenbach (unten Mitte).
Heizers Heimat: Kurve am Rurstausee (unten rechts)

Im Wald
da sind die Räuber

Der Spessart, eines der größten Waldgebiete Deutschlands, war einst fest in der Hand zwielichtiger Gestalten. Unter Räuber ist Hans Michael Engelke (Text und Fotos) bei seiner Spessartrunde zwar nicht gefallen, hat aber selber kräftig geräubert – und zwar jede Menge Kurven.

Er war schon ein heißes Pflaster, der Spessart – nicht so augenzwinkernd lustig, wie uns die Fünfziger-Jahre-Filmkomödie »Das Wirtshaus im Spessart« glauben machen will. Hier ging wirklich die Post ab; auf dem weit verzweigten Wegenetz eines der größten Laubwälder Deutschlands kam es regelmäßig zu Mord und Totschlag. Überfälle auf Reisende und Bauernhöfe waren an der Tagesordnung, Räuberbanden machten mit spektakulären Aktionen Furore. Von der Spessarter Chaussee zwischen Rohrbrunn und Esselbach, wo heute weit weniger aufregend die A3 verläuft, ist einer dieser Überfälle dokumentiert. Im November 1787 benutzten die Räuber hier Blendgranaten und einen schusssicheren Kopf- und Leibpanzer. Zwar erbeuteten sie rund 5000 Gulden, aber die nützten ihnen langfristig nichts. Zwei Jahre später wurden sie in Aschaffenburg einen Kopf kürzer gemacht. Das weit verzweigte Wegenetz gibt es noch heute. Zwar geht es hier jetzt ungleich friedlicher zu, aber wie früher winden sich die schmalen Pfade um zahlreiche Hügel herum, führen kreuz und quer durch den dichten Wald und folgen den Bachläufen durch ihre ausgewaschenen Täler. Die einst holprigen, schlaglochübersäten Rumpelpisten sind heute asphaltiert, und als Motorradfahrer wird man hier nun also zum Kurvenräuber .

In weiten Schwüngen durch dichtes Laub

Entlang grüner Wiesen und Weiden. Birken bilden Spaliere für romantische Alleen

In Aschaffenburg, wo früher der Henker sein Schwert schwang, starten wir unsere Erkundungstour durch diese vielversprechend abwechslungsreiche Region. Nur wenige Kilometer Richtung Südosten sind es, bis uns das Hinweisschild von Schloss Mespelbrunn neugierig macht. Irgendwie kommt uns diese spannende Kulisse bekannt vor. Klar, dämmert es mir, im Film diente das markante Schloss als Schauplatz.

Weiter geht es auf einladenden Landstraßen gen Süden. Nicht nur dichte Eichen- und Buchenwälder beherrschen den Spessart heute, wie manch einer vielleicht vermutet. Es finden sich auch offene, sanft gewellte Landschaften. In weiten Schwüngen führt die schmale Straße mal durch dichtes Laubwerk, dann wieder entlang weiter, grüner Wiesen und Weiden. Birken bilden Spaliere für romantische Alleen. Obwohl Wochenende ist, hält sich der Verkehr in Grenzen. Nur ab und an begegnen wir anderen Motorrad-

Ausflug ins Mittelalter. Klingenbergs alte Fachwerkhäuser ducken sich zu Füßen eines Weinbergs mitsamt Burgruine (re.). Auch Felder bieten manchmal Logenplätze für Sonnenanbeter (unten links), die Straßen Schwünge für Genießer auf makellosem Asphalt (unten).
Wenn der Mohn blüht, scheint der Spessart seinen Besuchern den roten Teppich auszurollen (Seite 59)

fahrern oder überholen hier und da ein Auto oder einen Trecker.

Bei Oberwintersbach bietet sich die Gelegenheit, noch mehr Panorama zu genießen. Auf der 521 Meter hohen Geißhöhe wartet der Ludwig-Keller-Turm mit exponierter Lage und einem fantastischen Rundblick auf. Allein die Auffahrt zum Turm ist den Abstecher schon wert. Die schmale Zufahrt schraubt sich in abenteuerlichen Kurven durch den dichten Wald in die Höhe. Noch 60 Stufen zu Fuß, dann genießt man den Blick über den Spessart und die nahegelegene Rhön. Eine gute Idee, die der Spessartbund hatte, als er das Bauwerk 1936 hier errichtete.

In Klingenberg ist dann vorerst Schluss mit Schieflage. Dafür tröstet das Städtchen am Main mit purer Schönheit. Die alte Burgruine macht sich oberhalb des Weinbergs breit, gleich darunter ragt das Stadtschloss in den strahlend blauen Himmel. Rechts und links der Gassen stehen bildhübsche Fachwerkhäuser mit vorstehenden Erkern, spitzen Giebeln und romantischen Verzierungen – eine Fahrt hinein ins Mittelalter.

Wir folgen weiter dem Main, lassen uns bei Großheubach nochmal in die Berge des Spessart entführen, um kurz darauf bei Stadtprozelten erneut auf den Fluss zu stoßen. Jetzt schon mit der Fähre an das südliche Ufer übersetzen? Nein, lieber noch eine große Runde durch die Landschaft des südlichen Spessart drehen.

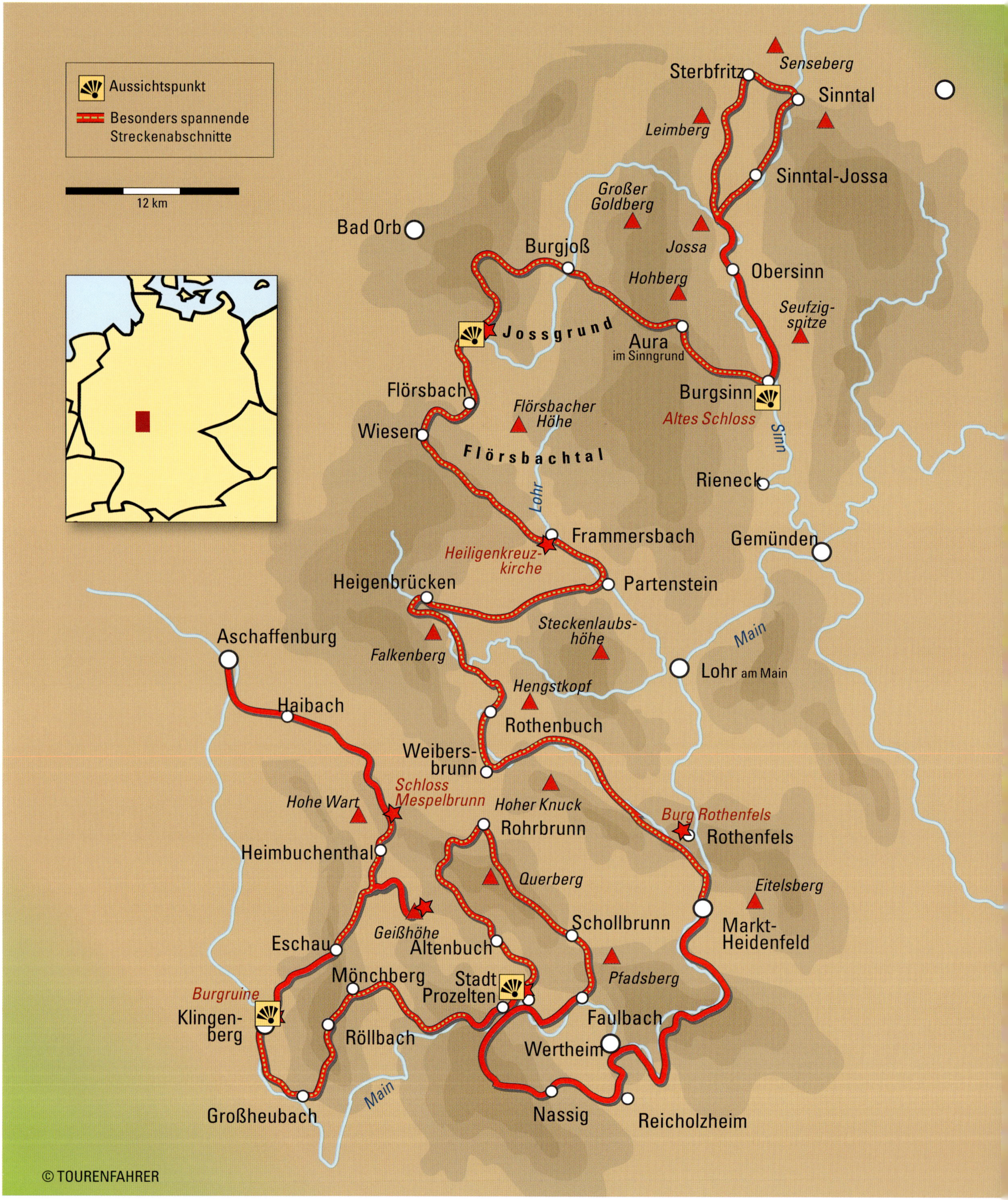

Aussichtspunkt
Besonders spannende Streckenabschnitte
12 km
Sterbfritz
Senseberg
Sinntal
Leimberg
Sinntal-Jossa
Großer Goldberg
Jossa
Bad Orb
Burgjoß
Obersinn
Hohberg
Seufzig-spitze
Jossgrund
Aura
im Sinngrund
Burgsinn
Altes Schloss
Flörsbach
Flörsbacher Höhe
Wiesen
Flörsbachtal
Sinn
Lohr
Rieneck
Frammersbach
Gemünden
Heiligenkreuz-kirche
Heigenbrücken
Partenstein
Steckenlaubs-höhe
Aschaffenburg
Falkenberg
Main
Lohr am Main
Hengstkopf
Haibach
Rothenbuch
Weibers-brunn
Schloss Mespelbrunn
Hoher Knuck
Hohe Wart
Burg Rothenfels
Rothenfels
Rohrbrunn
Heimbuchenthal
Querberg
Eitelsberg
Geißhöhe
Schollbrunn
Markt-Heidenfeld
Eschau
Altenbuch
Mönchberg
Stadt Prozelten
Pfadsberg
Burgruine
Klingen-berg
Faulbach
Röllbach
Wertheim
Main
Nassig
Großheubach
Reicholzheim

INFORMATION

Region: Spessart
Streckenlänge: ca. 310 km
Zeitaufwand: Tagestour.
Besonderheiten: Besonders viele waldige, kurvenreiche Nebenstrecken. Vorsicht, im Herbst enorm viel Laub.
Sehenswert: Schloss Mespelbrunn, einer der Drehorte für das »Wirtshaus im Spessart« ist für Besichtigungen geöffnet. Infos unter www.schloss-mespelbrunn.de.
Wertheim bietet eine mittelalterliche Stadtkulisse, eine Burg und vieles mehr. Infos unter www.wertheim.de.
Motorradtreff »Engländer« bei Jakobsthal an der Spessart-Höhenstraße – Parkplatz oft voller Moppeds, ideal für Kaffeepause und Mittagessen.
Bei Frammersdorf liegt die Waldschlossbrauerei und bietet eine interessante Besichtigung der Brauerei und des Mälzereimuseums mit Bierprobe und Brotzeit, www.waldschloss-brauerei.de.
Weitergehende Informationen über den Spessart finden sich im Internet unter www.naturpark-spessart.de und www.mein-spessart-tourismus.de.

Darf nicht fehlen: Schloss Mespelbrunn lockt viele Besucher (oben links). Wird nicht fehlen: Alpin wirkende Spitzkehren muss man nicht lange suchen.

Altenbuch, Heimbuchenthal, Rohrbrunn, Schollbrunn – kurvenreiche Abschnitte wechseln sich zwischen den Orten mit schnurgeraden Etappen durch den Wald ab. Goldgelbe Felder und blühende Büsche wischen an uns vorüber. Zwischen Rohrbrunn und Schollbrunn weckt ein riesiger Stein am Straßenrand unsere Neugierde – ein Grenzstein, wie ein Schild besagt. Eine Grenze, hier? In der Tat: Zwar handelt es sich nur um eine Sprachgrenze, die aber scheint immens wichtig zu sein. Immerhin trennt sich hier das Rheinfränkische vom Mainfränkischen. Oepfelmoust gegen Äppelwoi – vorsichtshalber schaue ich über meine Schulter, auf der Suche nach bewaffneten Grenzposten.

Zurück in Stadtprozelten entern wir die kleine Main-Fähre. Mit uns beiden und der BMW als einzigen Passagieren tuckert sie wenige Minuten später quer über den Fluss und entlässt uns am südlichen Ufer. Auf der Strecke nach Wertheim passieren wir den Ort Ödengesäß. Ein interessanter Name – Kiki vermutet, er sei durch einen leidenden Motorradfahrer entstanden, vielleicht so eine Art baden-württembergischen Iron-Butt. Aber leider erschließt sich uns das Geheimnis nicht. Dafür trösten wir uns in der historischen Altstadt von Wertheim inmitten museumsreifer Fachwerkhäuser mit einem köstlichen Erdbeereis und einem aufmunternden Espresso.

Das kurze Stück bis Marktheidenfeld haben wir noch den Main zur Linken, dann biegen wir in den Fürstlichen Löwensteinschen Park ab. Enge, fast einspurige Sträßchen führen durch diesen Waldgürtel zwischen Rothenfels und Rothenbuch entlang des Flüsschens Hafenlohr. Die Strecke ist ein Traum, schon Kurt Tucholsky schwärmte 1927 über das Hafenlohrtal: »Dies ist eine Landschaft, die gibt es gar nicht mehr.« Aber sie gibt es eben doch, bis heute hat sich hier so gut wie nichts verändert.

Bei Rothenbuch stoßen wir auf die Deutsche Ferienroute Alpen-Ostsee, verlassen diese aber gleich wieder, folgen ein kleines Stück dem Lohrbach und anschließend dem Wegweiser nach Jakobsthal. Hier an der Spessart-Höhenstraße treffen sich am Wochenende und bei schönem Wetter fast immer eine ganze Menge Moppedfahrer beim »Engländer« – keine Zweigstelle des Ace Cafe, sondern ein Forsthaus, 1846 von König Ludwig I. von Bayern höchstpersönlich eingeweiht. Heute dient es als Gasthaus mit großem Außenbereich, das bei Wanderern und Bikern gleichermaßen beliebt ist.

Von Heigenbrücken bis Partenstein teilen wir uns das Tal mit der Eisenbahnstrecke. Macht nichts, geschlossene Schranken muss man nicht befürchten. Hier und da mal ein Seitenwechsel unter den Gleisen hindurch, aber dazwischen kann man ungestört die Rasten kratzen lassen.

Wer die Augen offenhält, wird bei Schwartel, einem kleinen Dorfteil von Frammersbach, am Straßenrand ein uriges Wassertretbecken entdecken. Da muss man bei hochsommerlichen Temperaturen nicht lange nachdenken. Was den Anhängern des Pfarrers Kneipp recht war, ist Kiki und mir nur billig. Ruckzuck liegen die dampfenden Motorradstiefel im Gras und wir schreiten durch das eiskalte Wasser. Sonnenstrahlen kitzeln danach noch ein Weilchen die Zehen, dann geht es weiter Richtung Flörsbachtal.

Vorbei am kleinen Wiesbüttesee düsen wir Richtung Norden, lassen die Flörsbacher Höhe rechts liegen und rollen wieder hinunter in den Jossgrund. Hier, am Oberlauf des Flüsschens Jossa, übertreffen sich die Straßen endgültig selbst. Eine asphaltierte Achterbahn, in der man sich schwindlig fährt und obendrein noch prächtige Ausblicke genießen kann. Falls man zwischen den Bremspunkten Zeit dazu findet, denn hier fällt es nicht leicht, den Gashahn auf gemütlich zu stellen.

Längst des Sinntals erreichen wir bald Burgsinn. Der Ort wird dominiert von einer mächtigen Wasserburg, die gut 1000 Jahre alt ist. Ihr gewaltiger, 22 Meter hoher Bergfried überragt das ganze Dorf. Schade nur, dass er langsam, aber sicher verfällt – wie auch die gesamte Burg.

Moppedfahrer treffen sich beim »Engländer«

KEINE ZWEIGSTELLE DES ACE CAFE, SONDERN EIN FORSTHAUS, VON LUDWIG I. VON BAYERN EINGEWEIHT

Über Mittel- und Obersinn folgen wir der gut ausgebauten Bundesstraße nach Norden. Schnell erreichen wir Sinntals Ortsteil Jossa. Hier wollten wir eigentlich unsere Fahrt im TOURENFAHRER-Partnerhaus »Zum Jossgrund« beenden. Aber als Namensgeber für Ödengesäß würden wir nicht taugen, haben wir doch immer noch nicht genug. Schließlich gibt es da noch die Runde nach Schwarzenfels. Dort, über dem Dorf, thront die gleichnamige Ruine. Zwar stehen von der eigentlichen Festung nur noch Mauerreste, der Bergfried jedoch ist begehbar und bietet eine fantastische Rundumsicht über die Region. die man sich nicht entgehen lassen sollte.

Schließlich beenden wir unsere Spessartrunde dann doch bei Frank Zeller, der in Jossa mit seiner Familie in der fünften Generation den Landgasthof Jossgrund betreibt. Der ideale Ort, um es sich nach solch einer langen Tour gut gehen zu lassen. Außerdem hält Frank vielversprechende Tipps für spannende Touren auf der anderen Seite des Jossgrunds bereit. Da liegt nämlich die Rhön. Aber das ist wieder eine ganz andere Geschichte.

Auf den Main wird man häufig treffen – und wohl mehr als einmal am Ufer rasten (unten links). Idealer Standort für eine Spessart-Tour: »Zum Jossgrund« (unten rechts).

Berg und Tal Bahn

Eine Runde durch das Weserbergland ist ein ständiges Auf und Ab zwischen dem Tal der Weser und den Gipfeln der umliegenden Höhenzüge. Und wer hätte gedacht, dass sich in der nördlichen Hälfte der Republik sogar Serpentinen finden lassen.

Keine 30 Meter weit können wir sehen. Dichte Nebelschwaden wabern wie überdimensionierte Zuckerwatte über der Straße. Die Weser müsste eigentlich links neben dem Asphalt sein, aber sie lässt sich nur erahnen. Mit arg gedrosseltem Tempo rollen wir durch das Wesertal, dann hinauf nach Ottenstein. Arbeiten uns wie ein startender Flieger durch die Schwaden nach oben. Baumreihen tauchen aus dem Nebel auf, die ersten Sonnenstrahlen kämpfen sich erfolgreich durch die Suppe. Mit jeder Kehre wird es einen Tick heller, die ersten Blautöne mischen sich in das Einheitsgrau, und kaum haben wir 200 Meter Höhe erreicht, sind wir raus aus den Wolken. Die Aussicht von hier oben ist fantastisch. Unter uns liegt das mit weißer Watte gefüllte Tal der Weser, hinter uns lässt die vormittägliche Sonne das noch feuchte Grün aufglühen.

Bei Brevörde liegen die schönsten Kurven

Typische Schaukurven mit vielen Zuschauern, die den Fahrstil kommentieren

Gut, dass es Silke gibt. Ohne sie hingen wir wohl noch immer in der Suppe. Silke Garbe betreibt das TOURENFAHRER-Partnerhaus Café Pause, nicht weit von hier, in der kleinen Gemeinde Hehlen mit dem noch kleineren Dorfteil Daspe. Und Harley-Fahrerin Silke hat tolle Tipps für eine Runde durch die Region, die sie uns heute morgen auf die Karte gemalt hat. Der Asphalt hier oben ist bereits trocken, also nutzen wir die Kurvenschwünge zum Warmfahren. Zwar geht es hinter Ottenstein noch mal für kurze Zeit bergab bis an die Weser, aber schon am zweiten Aufstieg braucht man deutlich weniger Höhenmeter bis hinein in die Sonne. Welch ein Glück, liegen doch hier bei Brevörde ein paar der schönsten Kurven des Weserberglands, die weit über die Region hinaus bekannt sind. Wer nicht gern im Rampenlicht steht, ist hier allerdings weniger gut aufgehoben – es sind typische Schaukurven, in denen sich bei schönem Wetter reichlich Zuschauer ansiedeln, die Schräglagen und Fahrstil beobachten und kommentieren.

Steigungen oder Gefälle à la Eifel oder Sauerland gibt es hier zwar nicht, aber auch diese sanft gewellte Landschaft gab den Straßenbauern jede Menge Gelegenheit, ihr Können zu demonstrieren. Als traumhafte Alleen winden sich die schmalen Nebenstrecken in Richtung Forst Falkenhagen. Und ganz nebenbei haben sie

Echt antik: Oldtimer auf dem Weg zum Köterberg (rechts).
Hier ist der Name nicht Programm: Bruchhausen glänzt mit altem Fachwerk (unten links).
Ein Stein, drei Länder: Bei Bad Karlshafen treffen sich Nordrhein-Westfalen, Hessen und Niedersachsen (unten).
Vitaminbomben: In Langenthal gibt es Kürbisse satt (Seite 67).

auch noch fantastische Panoramen zu bieten. Nicht umsonst findet sich hinter Meiborssen ein höchstamtliches Verkehrsschild mit der vielversprechenden Aufschrift »ausblickreiche Höhenstrecke«.

Verdächtig viele Motorräder sind hier unterwegs, Klar, mein halb geschielter Blick auf die Karte im Klarsichtfach des Tankrucksacks bestätigt es – wir nähern uns dem Köterberg. Schwungvoll geht es nach oben auf fast 500 Meter Höhe und damit auf den höchsten Punkt des Lipper Berglandes. Oben auf dem Gipfel steht seit 1929 das Köterberghaus. Damals als Wanderherberge errichtet, ist der achteckige Bau heute der angesagte Motorradtreff der Region. Der schönste Rundblick in ganz Norddeutschland sei das hier, erklärt uns Wirt Rudolf Brand. 62 Ortschaften könne man von hier oben sehen. Wir sparen uns das Nachzählen, gönnen uns einen heißen Kaffee, dann schrauben wir uns wieder den Berg hinunter. Glück für uns, heute ist Oldtimer-Rallye im Weserbergland. Uralte, aber top erhaltene Schmuckstücke kommen uns entgegen. Strahlend blaue Käfer, sportliche Borgwards, ein Horch und weitere Marken, die kaum noch jemand kennt. Zwei Jungs im historischen Porsche haben ein paar Kilometer weiter die Orientierung verloren. Mit unserer Karte führen wir sie wieder auf den rechten Pfad.

Langsam grummelt es im Bauch. Wie meinte Silke heute morgen doch gleich? »Wenn ihr Hunger habt, dann müsst ihr

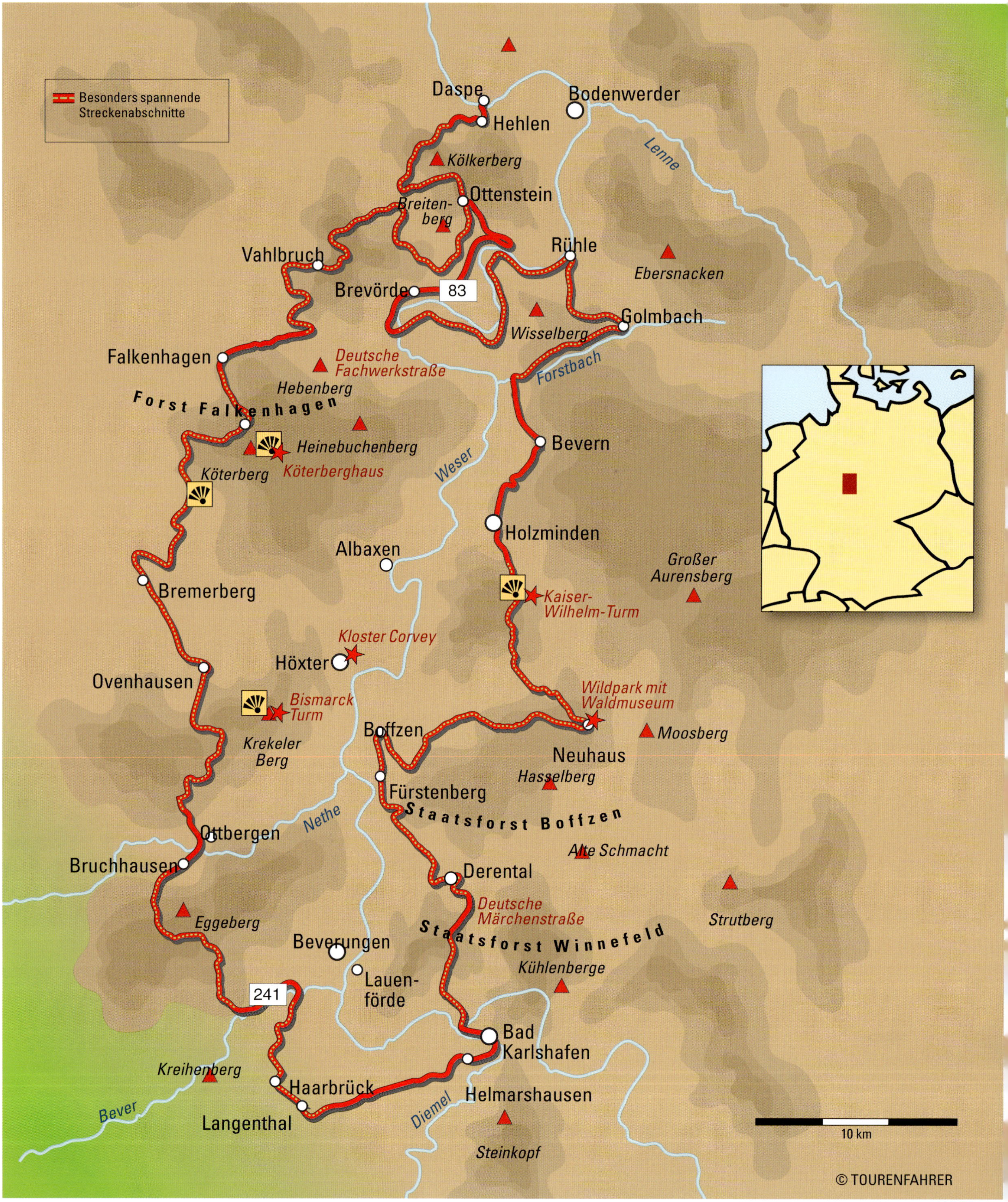

Besonders spannende Streckenabschnitte
Daspe
Bodenwerder
Hehlen
Lenne
Kölkerberg
Ottenstein
Breiten-berg
Rühle
Vahlbruch
Ebersnacken
Brevörde
83
Golmbach
Wisselberg
Falkenhagen
Deutsche Fachwerkstraße
Forstbach
Hebenberg
Forst Falkenhagen
Bevern
Heinebuchenberg
Köterberghaus
Köterberg
Weser
Holzminden
Albaxen
Großer Aurensberg
Bremerberg
Kaiser-Wilhelm-Turm
Kloster Corvey
Höxter
Wildpark mit Waldmuseum
Ovenhausen
Bismarck Turm
Boffzen
Moosberg
Krekeler Berg
Neuhaus
Hasselberg
Fürstenberg
Staatsforst Boffzen
Ottbergen
Nethe
Alte Schmacht
Bruchhausen
Derental
Strutberg
Deutsche Märchenstraße
Eggeberg
Staatsforst Winnefeld
Beverungen
Kühlenberge
Lauen-förde
241
Bad Karlshafen
Kreihenberg
Haarbrück
Helmarshausen
Bever
Diemel
Langenthal
10 km
Steinkopf
© TOURENFAHRER

INFORMATION

Region: Weserbergland
Streckenlänge: ca. 230 km
Zeitaufwand: Tagestour, lässt man sich Zeit für Motorradtreffs und Sehenswürdigkeiten werden daraus auch locker zwei Tage.
Besonderheiten: Viele kurvenreiche Nebenstrecken durch idyllische Landschaften mit abwechslungsreichen Motorradtreffs.
Sehenswert: Bodenwerder: Münchhausenstadt mit Museum und hübschem Ortskern.
Köterberg: bekannter Motorrad-treff am Köterberghaus mit Gastronomie und fantastischem Panorama (www.koeterberg.de).
Tonenburg bei Höxter/ Albaxen: beliebter Motorradtreff und Unterkunft, hier finden auch zahlreiche Events rund ums Motorrad statt (www.tonenburg.de).
Bad Karlshafen: interessante Kurstadt, etwas versnobt, aber wunderschönes Fachwerk, Burgruine, Bauten und Museen.
Porzellanmanufaktur in Fürsten-berg mit kurzweiligem Porzellan-museum.
Einmalig ist Holzmindens »Duftender Stadtrundgang«. An 15 Duftstelen werden Informationen zum jeweiligen Standort und über Düfte und Aromen vermittelt (www.holzminden.de).

Am achteckigen Köterberghaus trifft sich die Biker-Szene (o. links). Ein Hauch von Romantik: am frühen Abend entlang der Weser (oben).

unbedingt bei Silvia Alleblas in ihrem Kornhaus-Café vorbeischauen.« Also ab nach Haarbrück. Nimmt die Zahl der Motorradfahrer stetig zu, ist man garantiert auf dem richtigen Weg. Gleich am Ortsrand steht »Silvy's Kornhaus-Café«, und ein paar Minuten später steht auf dem Tisch der größte uns bekannte Flammkuchen, bestückt mit Speck und Lachs, eine Delikatesse. Kein Wunder, dass hier so viele Biker einen Stopp einlegen. Wenn Silvia nächstes Jahr an gleicher Stelle ihren Samba-Express aufgestellt hat, einen ausgemusterten Eisenbahnzug, dann werden es wohl noch ein paar mehr sein.

Im mondänen Bad Karlshafen wechseln wir wenig später die Weserseite. Ein schmuckes Kurstädtchen mit einer Promenade am Hafen, weißen, barocken Säulengängen, Cafés und Fachwerkbauten, Museen und dem historischen Rathaus. Ein wenig distanziert schaut uns die Bedienung im Café schon an. Leder statt Loden, Gore-Tex statt Schlips – Grund genug zur Skepsis. Den Keks zum Cappuccino bekommt nur der Nachbartisch. Okay, ich spiele den Ball zurück, hole die eigene Keksrolle aus der Packtasche. Damit sind die Fronten geklärt, wir werden durch eisernes Schweigen gestraft.

Auf dem Gipfel steht das Köterberghaus

Einst als Wanderherberge errichtet, heute der angesagte Motorradtreff der Region

Immer noch schmunzelnd verlassen wir bald wieder Bad Karlshafen, folgen den Schildern zur Jugendherberge. Die führen über eine kleine, gewundene Nebenstrecke hoch in den Staatsforst Winnefeld und damit gleich hinter der Stadtgrenze zum Dreiländereck. Ein großer Stein markiert die Stelle, wo Nordrhein-Westfalen, Hessen und Niedersachsen zusammentreffen. Entlang der Deutschen Märchenstraße geht es weiter. Märchenhaft ist sie tatsächlich, jedenfalls für Schräglagen-Junkies. Mitten durch den Naturpark Solling schlängelt sich das schmale Asphaltband, und das hat man fast für sich allein. Autos sind hier nur wenige unterwegs, die meisten folgen unten im Tal der Weser.

Kurz mal senkrecht bleiben und hinein nach Fürstenberg. Die weltbekannte Porzellanmanufaktur des Weserstädtchens ist die zweitälteste Deutschlands. Sie wurde schon 1747 gegründet. Im Renaissance-Jagdschloss, gleich an der Hauptstraße, informiert das Porzellanmuseum anschaulich über drei Jahrhunderte Porzellankultur. Interessant schon deshalb, weil man an speziell eingerichteten Arbeitsplätzen den Keramik-Fachleuten bei ihrer Arbeit über die Schulter sehen kann.

Porzellan hin, Kultur her, uns ruft die Traumstraße. Die man im Solling auch sofort wiederfindet – kurvenreich und wie für Zweiradfahrer gemacht. Über Neuhaus geht es quer durch den Wald. Ab und zu lichtet sich der dichte Forst, öffnet sich für saftige Wiesen, auf denen Kühe und Schafe weiden, hier und da ein paar Höfe auftauchen. Nur kurz wird das Grün von Holzminden und Bevern unterbrochen. Gleich dahinter folgen wir dem Forstbach, sehen uns unterhalb des 350 Meter hohen Schweinebergs sogar mit ein paar Serpentinen konfrontiert und landen wenig später am Weserufer. Ein paar Kilometer entlang des Flusses, und dabei fällt der Blick immer mal wieder auf die Schiffe. Für uns Landratten erstaunlich, wie die dicken Pötte so sicher durch den schmalen Wasserlauf bugsiert werden. Bei Polle schließlich bietet sich die Gelegenheit, selbst eine Bootsfahrt zu unternehmen. Zu Füßen der gleichnamigen Burg schiebt sich eine Fähre über die Weser. Einen eigenen Motor hat das Schiff nicht. Geführt an einem Stahlseil über den Fluss, wird allein durch geschicktes Manövrieren das andere Ufer erreicht.

Im Geburtshaus des Lügenbarons

wird heute Politik gemacht. Wenn das mal nicht symptomatisch ist

Das kennen wir schon, und von hier sind es nur noch ein paar Minuten, bis man wieder bei Silkes Café Pause eintrifft. Oder noch ein Stück weiter bis Bodenwerder rollt, das heute Morgen im Nebel versank. Und wenn das mal nicht symptomatisch ist – da gibt es das Geburtshaus des berühmten Lügenbarons Münchhausen, gleich an der schönen Weserpromenade Bodenwerders, und was passiert heute darin? Es wird Politik gemacht. Nun wollen wir zwar nichts unterstellen, aber schmunzeln müssen wir doch, als wir vor dem Rathaus der Oberwesergemeinde ausrollen. Nicht nur die Stätte der regionalen Politik findet sich in den Gemäuern des einstigen Münchhausener Gutshofs, sondern auch das Münchhausen-Museum, unser eigentliches Ziel. Exponate aus dem persönlichen Besitz des Hieronymus von Münchhausen, Bilder und Urkunden, Dokumente und vielerlei Wissenswertes, liebevoll zusammengetragen, zeichnen den Lebensweg des fantasiereichen Freiherrn nach. Über 700 Buchausgaben sollen es inzwischen sein, in denen sich die tolldreisten Erzählungen wiederfinden. Ein Ort, an dem beim Herumstöbern schnell die Zeit in Vergessenheit geraten kann.

Macht nichts, morgen ist ja auch noch ein Tag. Denn nördlich von Hehlen soll es ja auch noch ein paar gute Kurven geben. Doch das kann uns Silke bestimmt genauer erklären.

Im Schatten der Burg Polle kreuzt eine Seilfähre die Weser (unten). Bauernhof-Idylle im Naturpark Solling (rechts).

Rhönrad

für einen Tag

Die Rhön ist nicht nur das Mekka der Segelflieger. Auch für Motorradfahrer bietet die Region in Deutschlands Mitte ein ideales Terrain. Zwischen Kuppen und Tälern, Schlössern und Burgen lässt es sich traumhaft touren.

Bad Kissingen, das mondäne Kurbad, hat schon viele illustre Gäste gesehen. Elisabeth Amalie Eugenie von Österreich-Ungarn, besser bekannt als Sissi, Zar Alexander II., der ausgeflippte Märchenkönig Ludwig der II., Reichskanzler Otto von Bismarck, der hier nur knapp einem Anschlag entkam, und Rauschebart Leo Tolstoi sind nur einige der bekanntesten Kurgäste des Bayerischen Staatsbades. Auch Kiki und ich weilen unter den Gästen, allerdings nicht um Saunen und Moorbäder zu erkunden oder unter Lymphdrainagen und Fangopackungen zu stöhnen. Für uns ist das Heilbad der ideale Ausgangspunkt für eine Tour durch die Rhön, das markante Mittelgebirge am Dreiländereck von Hessen, Thüringen und Bayern.

Eine der schönsten Motorradregionen

Das merkt man schnell, wenn man Bad Kissingen entlang der Fränkischen Saale verlässt

Warum die Rhön eigentlich Rhön heißt, weiß kein Mensch genau. Erklärungsversuche klammern sich an das keltische Wort »raino«, das »hügelig« bedeutet. Glasklar ist jedoch, dass die Landschaft rund um Rother Kuppe, Wasserkuppe und Kreuzberg zu den schönsten Motorradregionen in Deutschlands Mitte zählt. Und das merkt man sehr schnell, wenn man Bad Kissingen, der Fränkischen Saale folgend, verlässt. Im warmen Licht der aufgehenden Sonne passiert man nach nur wenigen Kilometern Schloss Aschach. Ein Graf mit dem wohlklingenden Namen Popo der VI. soll es gegen Ende des 12. Jahrhunderts erbaut haben. Heute beherbergt der perfekt renovierte Bau gleich drei Museen, das Graf-Luxburg-, das Schul- und das Volkskundemuseum.

Für uns ist es noch zu früh für Kultur, über Burkardroth steigen wir weiter bergan, und ab Stangenroth geht es dann auch los mit den ersten sanften Schwüngen auf der immer höher kletternden Landstraße in Richtung Norden. Während sich die Straße durch die hügelige Landschaft schlängelt, stehen in den Tälern noch die Schwaden des Morgennebels, aus denen sich die ersten Kirchtürme strecken. Dunkelgrauer Asphalt unter einem strahlend blauen Himmel führt uns hinauf nach Bischofsheim. Auf dessen Marktplatz stellen wir die BMW ab und schlendern ein wenig durch die alten Gassen, vorbei an der historischen Stadtmauer und dem Wahr-

Popo der VI. hat's gebaut: Schloss Aschach unweit von Bad Kissingen (rechts).
Die Wasserkuppe ist nicht nur für Flieger reserviert (u. links).
Der Blaue Salon im Schloss Aschach (u.).
Unterhalb der Rother Kuppe wird man zum Waldmeister (Seite 75).

zeichen der Stadt, dem rund 26 Meter hohen Zentturm. Und weil uns Bischofsheim so gut gefällt, machen wir gleich noch einen Abstecher zum Kloster Kreuzberg. Das Franziskanerkloster steht auf dem 928 Meter hohen gleichnamigen Berg gleich oberhalb Bischofsheims und bietet nicht nur einen fantastischen Ausblick über die Region, sondern auch eine zum Kloster gehörende Brauerei. Seit 1731 wird hier süffiges Klosterbier gebraut und ausgeschenkt.

In Bischofsheim an der Rhön liegt darüber hinaus das südliche Ende der Hochrhönstraße. In den 1930er Jahren geplant, machten sich kurz vor Beginn des Zweiten Weltkriegs die Männer des Reichsarbeitsdienstes daran, diese Nord-Süd-Verbindung über die Kuppen der Rhön zu bauen. In Serpentinen geht es entlang des Schwarzbachs in die Höhe. Die Fußrasten der dicken RT hören sich gut an in den Kehren. Je höher wir kommen, desto grandioser wird die Aussicht. Einst waren die Kuppen der Rhön von Buchenwäldern bedeckt, doch großflächige Rodungen haben eine einmalige offene Landschaft mit ganz spezifischer Flora und Fauna entstehen lassen. Richtig urig ist auch der Holzberghof, der gleich oberhalb der Serpentinen liegt. Früher eine Eisenschmelze, wurde an das Gebäude 1910 ein kleines Schloss angebaut, die perfekte Kopie des dänischen Wasserschlosses Frederikstein. Heute ist der Prachtbau ein Restaurant mit Gästezimmern. Der besondere Clou: Es gibt keinen Strom. Die absolute Alleinlage sorgt dafür, dass bei Laternenlicht getafelt und bei Kerzenschein übernachtet wird.

Kurz hinter dem Basaltsee folgen wir der Beschilderung zur Wasserkuppe. Wir

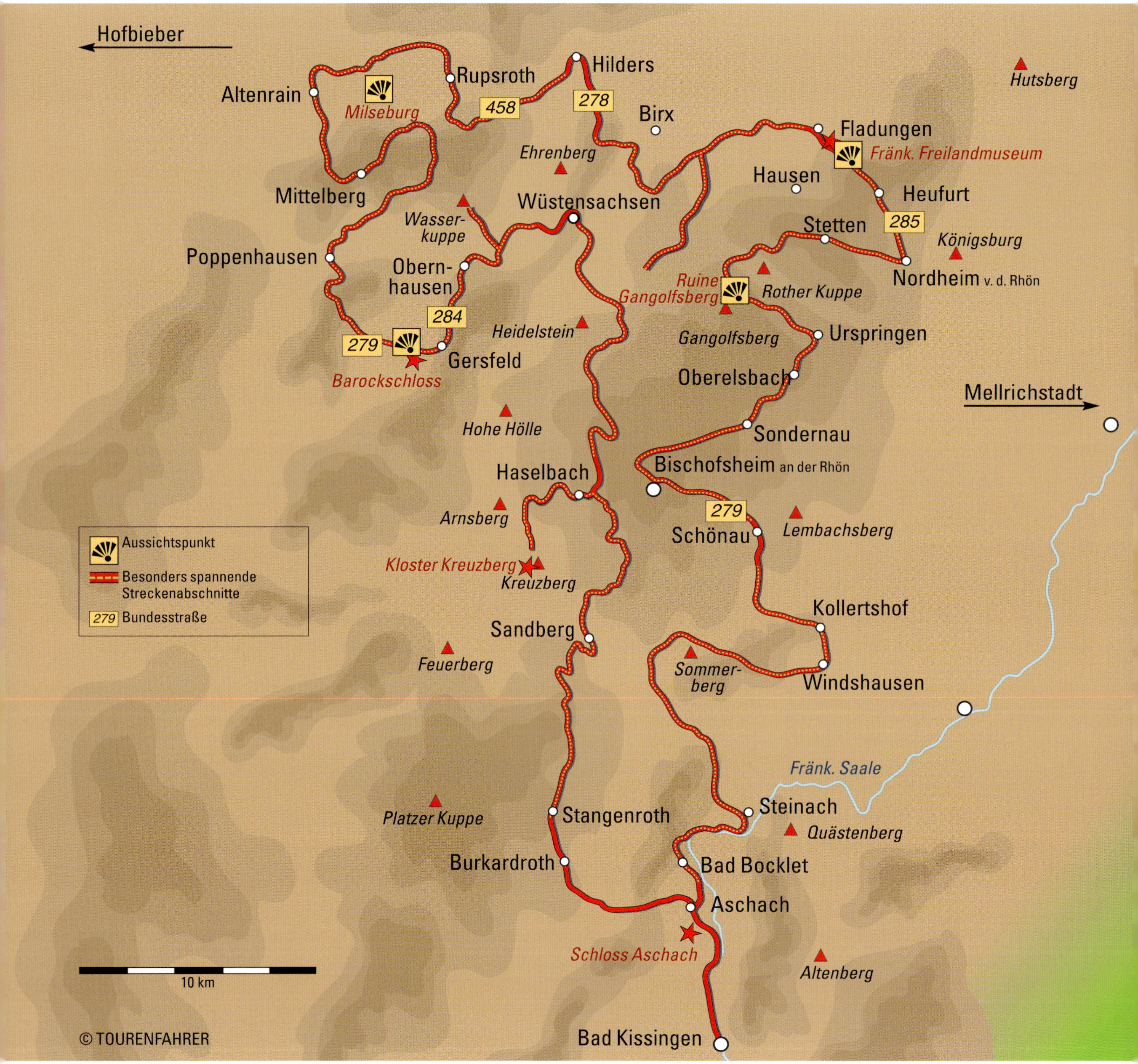
Hofbieber
Altenrain
Milseburg
Rupsroth
458
Hilders
278
Birx
Hutsberg
Fladungen
Fränk. Freilandmuseum
Ehrenberg
Hausen
Heufurt
Mittelberg
Wüstensachsen
Wasser-
kuppe
Stetten
285
Königsburg
Poppenhausen
Obern-
hausen
Ruine
Gangolfsberg
Rother Kuppe
Nordheim v. d. Rhön
284
Heidelstein
Gangolfsberg
Urspringen
279
Gersfeld
Barockschloss
Oberelsbach
Mellrichstadt
Hohe Hölle
Sondernau
Haselbach
Bischofsheim an der Rhön
Arnsberg
279
Schönau
Lembachsberg
Aussichtspunkt
Besonders spannende
Streckenabschnitte
279 Bundesstraße
Kloster Kreuzberg
Kreuzberg
Kollertshof
Sandberg
Feuerberg
Sommer-
berg
Windshausen
Fränk. Saale
Steinach
Platzer Kuppe
Stangenroth
Quästenberg
Burkardroth
Bad Bocklet
Aschach
Schloss Aschach
Altenberg
10 km
© TOURENFAHRER
Bad Kissingen

INFORMATION

Region: Rhön
Streckenlänge: ca. 190 km
Zeitaufwand: eine gute Tagestour
Besonderheiten: die einzigartige offene Landschaft der Hohen Rhön
Sehenswert: Das Kloster Kreuzberg mit seiner interessanten Wallfahrtskirche, zudem lockt seit 1731 die klostereigene Brauerei mit angeschlossener Wirtschaft. Es kann dort auch recht schlicht und einfach übernachtet werden. www.kreuzbergbier.de.
Das Segelflugmuseum auf der Wasserkuppe beinhaltet fantastische Exponate. Gleich nebenan können die Segelflieger live bestaunt werden. Regelmäßig bietet sich die Möglichkeit zu Rundflügen. www.segelflugmuseum.de. Die Wasserkuppe ist außerdem ein beliebter Motorradtreff.
Das Fränkische Freilandmuseum zeigt auf zwölf Hektar Höfe, Kirche, Dorfwirtshaus und Gemeindebrauhaus sowie eine alte Mühle.
Hier startet auch die Dampfeisenbahn. www.freilandmuseum-fladungen.de.
Schloss Aschach bietet gleich drei Museen. Das Graf-Luxburg-Museum zum Schloss, das Volkskundemuseum zum ländlichen Leben und Wohnen in der Rhön sowie das Schulmuseum.
Infos dazu und darüber hinaus: www.rhoenline.de.

passieren die Grenze zwischen Bayern und Hessen, kommen am Forellenhof vorbei und steigen anschließend zum höchsten Berg der Rhön auf, womit für Schräglagen und tolle Panoramen gesorgt ist. Oben auf der Wasserkuppe, die gleichzeitig auch der höchste Berg Hessens ist, ist man selten wirklich allein. Das liegt nicht nur am Naturerlebnis und den vielen Wanderwegen, hier lockt auch das höchst interessante Segelflugmuseum, schließlich gilt die Wasserkuppe als die Geburtsstätte des Segelfluges. Bei schönem Wetter starten hier die Flieger im Minutentakt. Ich parke die RT direkt am Landeplatz, und wir schauen den schneeweißen Gleitern zu, wie sie im Schlepp kraftvoll in die Höhe gezogen werden und sich in sanften Bögen in große Höhen schrauben. Auf der südlichen Seite der Wasserkuppe rollen wir später wieder hinunter und kreuzen durch den hessischen Teil der Rhön. Gersfeld mit seinem historischen Marktplatz und dem Barockschloss, der Luftkurort Poppenhausen und die spektakulären Felskletterwände zwischen Steinhecken und der Milseburg sind nur einige Highlights in dem Kurvenwirrwarr westlich der Wasserkuppe. Zügig geht es dann über die B 458 und die B 278, und schon haben wir Seiferts erreicht. Hier liegt das nördliche Ende der Hochrhönstraße, und genau vorbei am Dreiländerpunkt Hessen, Thüringen, Bayern zirkeln wir nach Sennhütte hinauf, um die einmalige Panoramastraße vom Norden her aufzurollen. Gleich an der bayerischen Landesgrenze liegt auch das Schwarze Moor. Genau auf der Wasserscheide zwischen Main und Weser gelegen, gehört es zu den bedeutendsten Hochmooren Mitteleuropas. Früher wurde hier Torf gestochen, jetzt ist das Areal geschützt, Holzplankenwege führen hindurch, und wer mag, kann sich anhand zahlreicher Schautafeln über die Entstehung des Moores und seine Flora und Fauna informieren. Der eine oder andere Streckenabschnitt entlang des Schwarzen Moores erinnert an schottische oder irische Straßen, was nicht zuletzt an den Steinmauern und -wällen liegt, die als Begrenzung dienen.

DIES IST DIE GEBURTSSTÄTTE DES SEGELFLUGES

AUF DER WASSERKUPPE KANN MAN ZUSEHEN, WIE SICH DIE WEISSEN GLEITER IN DIE HÖHE SCHRAUBEN

Vor fast hundert Jahren entdeckten die ersten Segelflieger die Wasserkuppe als idealen Startort. Bis heute ist Hessens höchster Berg das Eldorado der stillen Gleiter (oben links).
Schwungvoll über die Kuppen: unterwegs auf der Hochrhönstraße (oben).

Zwar soll uns unsere Route eigentlich nach Fladungen führen, vorher wollen wir aber noch den fehlenden Teil der Hochrhönstraße erkunden. Schilder entlang der Strecke erinnern daran, dass nur auf den ausgewiesenen Parkplätzen gehalten werden darf und die Höhen unter besonderem Schutz stehen. Mit dem Motorrad findet sich aber am Straßenrand immer ein Plätzchen, von dem aus man die faszinierende Landschaft mit ihren grünen Kuppen bestaunen kann.

Schließlich schrauben wir uns ab Sennhütte doch noch die Serpentinen bis nach Fladungen hinab, wo uns das Fränkische Freilichtmuseum erwartet. Im Schwarzen Adler, dem historischen Restaurant, gönnen wir uns im gemütlichen Biergarten die »Bauernseufzer«, leckere geräucherte Bratwürste mit Meerrettich und Kartoffelsalat. Bevor man wieder aufs Motorrad klettert, bietet sich das Museum für einen ausgedehnten Verdauungsspaziergang an. Mit einem Besuch der bäuerlichen Höfe und der Möglichkeit, sich in einer Mühle ein Bild von der alten Mühlentechnik zu machen.

In Fladungen ist auch der Heimatbahnhof des Rhön-Zügle, von dem im Sommer regelmäßig eine Dampflok nach

Früher wurde hier Torf gestochen

Jetzt ist das Schwarze Moor geschützt, und die Strecke erinnert an schottische Strassen

Mellrichstadt und zurück pendelt. Entlang dieser Strecke düsen auch wir jetzt gen Süden, biegen aber bei Nordheim scharf rechts ab und erreichen bald Roth. Das kleine Nest würde wahrscheinlich kaum ein Mensch kennen, gäbe es da nicht die 711 Meter hohe Rother Kuppe. Einige knackige Kurven führen hoch auf den Berg, auf dessen Gipfel ein Aussichtsturm steht. Wer nicht nur den tollen Blick vom Turm genießen möchte, so wie wir, kann sich im dazugehörenden Restaurant den Bauch vollschlagen. Das war zwar eine ganze Zeit geschlossen, hat aber seit Sommer 2007 einen neuen Pächter, und es gibt durchgehend leckeres Essen.

Südlich der Rother Kuppe stürzen wir uns wieder ins Tal. Über Urspringen und Feldmühle führen uns kaum befahrene Nebenstrecken wieder auf Bischofsheim zu. Kurz davor biegen wir auf die B 279 ab, folgen den Schildern in Richtung Bad Neustadt a. d. Saale, um nur wenige Kilometer weiter erneut ins Gewirr kleiner Nebenstrecken abzutauchen. Kreuz und quer geht es durch den Burgwallbacher Forst, um den 533 Meter hohen Sommerberg herum, und schließlich finden wir uns am Ufer der Fränkischen Saale wieder, die uns zurück nach Bad Kissingen geleitet, dem Staatsbad mit den illustren Gästen. Kiki und ich gehören jetzt wohl auch zu ihnen.

Ausflug in die Vergangenheit am Schloss Aschach (unten links).
Mit steinmauergesäumten Straßen erinnert das Schwarze Moor manchmal an Schottland oder Irland (unten).

Auf bald im Wald

Dass die Pfalz köstliche Weine und verträumte Winzerdörfer zu bieten hat, ist wahrscheinlich bekannt. Dass hier auch fantastische Strecken auf Motorradfahrer warten, merkt man dann bei einer Tour durch den Naturpark Pfälzerwald.

Es war mächtig etwas los in den vergangenen Jahrhunderten in der Pfalz. Einst von Kelten bewohnt, später von den Römern erobert, dann von den Germanen besiedelt. Es folgten die Alemannen, darauf die Franken. Wilde Konglomerate verschiedenster Territorien, diverse Herrscher, französische Revolutionskriege, Zugehörigkeit zu Bayern, dann mal wieder zu den Franzosen oder dem Völkerbund, ein Durcheinander der Verwaltungen und Regierungen.

Aber ist das ein Wunder? Für so ein schönes Fleckchen Erde zog man gerne schon mal in den Krieg. Heute kann die Eroberung der Pfalz gewaltfrei ablaufen. Eine anständige Landkarte, ein paar gute Tipps, ein Motorrad und schon kann's losgehen. Ausgangspunkt unseres Feldzuges ist Kaiserslautern, ganz am nordwestlichen Rand des Pfälzerwalds gelegen und nicht nur Fußballfans bestens bekannt. Vorbei an der Uni verlassen wir »K'town«, wie die knapp 50.000 hier stationierten Amerikaner ihre Stadt nennen, und fahren gen Süden. Schnell liegen die letzten Häuser hinter uns, und prompt stecken wir mitten im Grün. Die ersten Kurven tun sich auf, und bald finden wir uns am Johanniskreuz wieder, dem angesagten Motorradtreff in der Region. Viel ist hier am frühen Morgen noch nicht los, also geht es gleich weiter, heute Abend ist schließlich auch noch Zeit für Tratsch und Klatsch unter Moppedfahrern. Nur wenige Meter hinter dem Johanniskreuz verlassen wir die landschaftlich schöne B 48. Die führt weiter geradeaus, mitten durch den Pfälzerwald und ist eigentlich eine Traumstrecke. Aber die kräftigen Geschwindigkeitsbeschränkungen, die von der grünen Rennleitung häufig kontrolliert werden, trüben den Spaß. Und an reizvollen Nebenstrecken mangelt es in der Pfalz nun wirklich nicht. Genau solch eine haben wir jetzt unter den Reifen. Über Heltersberg lenke ich die RT nach Waldfischbach-Burgalben an den Rand des Naturparks und gleich wieder zurück, den Schildern nach Leimen folgend. Viele Kilometer Kurven versprechen die amtlichen Verkehrsschilder. Schilder, über die man sich als Moppedfahrer auch mal freuen kann.

Die B 48 ist eigentlich eine Traumstrecke

Aber die Tempo-Limits, die von der grünen Rennleitung häufig kontrolliert werden, trüben den Spass

Die Route über Leimen ist Bestandteil der Deutschen Schuhstraße, eine touristische Route durch das ehemalige Zentrum der Schuhindustrie, aber auch ein Teil der Deutsch-Französischen Touristikroute. Ein Zeichen dafür, wie nahe wir

Kürbisse oder Socken? In Leinsweiler hat man die Qual der Wahl (rechts). Über die Grenzen hinaus bekannt: Motorradtreff Johanniskreuz und die mächtige Burg Trifels (unten).

hier an der französischen Grenze sind. Fahrspaß garantiert: Zwischen dem Großen Hundsberg und dem Hesselsberg schlägt die Landstraße Haken in alle Himmelsrichtungen.

Entlang des Flüsschens Rodalbe streifen wir Pirmasens, halten uns vom städtischen Trubel fern, lassen uns immer weiter nach Süden treiben, über Fischbach bei Dahn und schließlich nach Bundenthal. Bildschöne Fachwerkhäuser, Bauten aus dem Sandstein der Region, interessantes Pflaster und ein sehenswerter Brunnen machen das kleine Nest zu einem echten Hingucker.

Von hier sind es nur noch wenige Meter bis Dahn, dem Zentrum des Dahner Felsenlandes mitten im Wasgau. Überall ragen hier skurril geformte Felsentürme und -formationen steil in den Himmel. Nicht umsonst gilt die Region als der Traum zahlreicher Kletterer. Und natürlich ist Dahns Wahrzeichen auch ein Fels, der 70 Meter hohe Jungfernsprung, der hoch über der Stadt aufragt. Der Name lässt es vermuten – laut einer Sage stürzte sich hier einst eine holde Jungfrau auf der Flucht vor einem üblen Burschen in die Tiefe. Wo sie aufkam, sprudelte fortan eine Quelle. Dass sie den Sprung angeblich unverletzt überstand, macht die Geschichte nicht wirklich glaubhafter. Die Freizeitsportler, die heute in den Felsen herumkraxeln, gehen lieber auf Nummer sicher und seilen sich lieber gleich an.

Aussichtspunkt
Besonders spannende Streckenabschnitte
279 Bundesstraße
Kaiserslautern
Hochspeyer
Weidenthal
Drachenfels
39
Gr. Humberg
Lambrecht
Schlossberg
Neustadt an der Weinstraße
Moosalbe
48
Hambacher Schloss
Johanniskreuz
Speyerbach
Kalmit
Kropfsberg
Heltersberg
Eschkopf
Hahnenkopf
Wellbach
Schänzelturm
Waldfischbach-Burgalben
Gr. Hundsberg
Edenkoben
Leimen
Kesselberg
Hofstätten
Hesselsberg
Harzofenberg
Luidpold-Turm
Weißenberg
Ruine Neuscharfeneck
Burrweiler
Ruine Gräfenstein
Münchweil an der Rodalb
Annweiler
Queich
Burg Trifels
Pirmasens
10
Lemberg
Ruine Altdahn
Dahn
Ruine Lindelbrunn
Großer Stephansberg
Klingenmünster
427
48
Großer Eyberg
Ruine Drachenfels
Bundenthal
Bad Bergzabern
Fischbach bei Dahn
10 km

INFORMATION

Region: Pfalz
Streckenlänge: ca. 245 km
Zeitaufwand: Tagestour, viele Sehenswürdigkeiten lassen auch locker zwei Tage daraus werden.
Besonderheiten: Beliebter Motorradtreff Johanniskreuz, fantastische Weinlandschaft und einladende Orte.
Sehenswert: Dahn mit dem Felsland-Badeparadies und riesiger Saunalandschaft, drumherum das Dahner Felsenland (www.felsland-badeparadies.de). Burg Trifels bei Annweiler mit spannender Besichtigungsrunde. Bad Bergzabern mit sehenswertem Stadtbild und Schloss. Neustadt a. d. Weinstraße mit dem Hambacher Schloss. Die vielen kleinen Winzerhöfe und Schenken, die entlang der Weinstraße werben.

Meist führt die Route durch dichten Wald.

»Ich will Kühe!« Die Pfalz erfüllt auch solche Wünsche. Falls es lieber ein guter Tropfen sein soll: Entlang der Deutschen Weinstraße wird man garantiert fündig.

Einige Schräglagen später finden wir uns bei Annweiler zu Füßen der Burg Trifels wieder. Unter den pfälzischen Festungen ist sie eine Ausnahmeerscheinung. Die mächtige Kaiserburg liegt auf einem Felsplateau, gut 300 Meter über dem Ort. Hier schmorte Richard Löwenherz als Gefangener, und er war nicht der Einzige, der hier im Laufe der Jahrhunderte einsaß. Heute geben sich rund 100.000 Besucher im Jahr die Klinke in die Hand. Natürlich schlendern auch wir eine Runde durch das Gemäuer und staunen vor allem über die Nachbildung der Reichs-Insignien. So eine Krone ist schon eine schmucke Sache. Eine ganze Reihe Kilometer weiter passieren wir die Ortstafel von Bad Bergzabern. Wie so viele Pfalz-Städtchen ist auch dieser Kurort absolut sehenswert. Wir rollen durch die Gassen entlang schmucker Fassaden und vorbei am Schloss, dem Wahrzeichen Bad Bergzaberns. Noch ein kurzes Stück, und wir finden uns auf der Deutschen Weinstraße wieder. Das ist unübersehbar, Weinstöcke stehen rechts und links der Straße Spalier, tragen dicke Trauben. In den kleinen Orten wird in jedem dritten Haus Pfälzer Wein angepriesen, leckeres Obst steht am Straßenrand zum Verkauf, und Wirtschaften buhlen um Kundschaft. Da kann man nicht widerstehen, in der Sonne sitzend schlagen wir uns den Bauch voll. Dazu gibt es zwar nur Alkoholfreies, zwei Flaschen Spätburgunder finden allerdings den Weg in die Motorradkoffer.

Unübersehbar die Deutsche Weinstrasse

Weinstöcke stehen an der Strasse Spalier, in jedem dritten Haus wird Pfälzer Wein angepriesen

Gleich hinter Burrweiler wird es schlagartig ruhig auf der Straße. Kein Wunder, sind wir doch von der Weinstraße abgebogen, folgen nun einer großen Runde um den Schänzelturm. Die führt mitten durch die Haardt, einen knapp 90 Kilometer langen Höhenzug, der auch gleich die höchste Erhebung des Pfälzer Waldes trägt, den 673 Meter hohen Kalmit. Mit Burgen und Türmen ist das Land reich gesegnet. Ruine Ramberg, Ruine Modeneck und Ruine Neuscharfeneck liegen nur wenige Kilometer auseinander, und Aussichtstürme erheben sich auf jedem vierten Hügel und bieten fantastische Blicke in die Region. Bei Edenkoben stoßen wir dann wieder auf den Rand des Naturparks Pfälzerwald. Vorbei an Maikammer sind es nur noch wenige Kilometer bis Neustadt an der Weinstraße. Das quirlige Touristenstädtchen hat unter anderem den Elwetritschenbrunnen zu bieten. Bei der Elwetritsche handelt es sich um ein vogelähnliches Wesen, das in der Pfalz weit verbreitet sein soll. Seine Herkunft entspricht in etwa dem süddeutschen Wolpertinger, was wohl erklärt, weshalb noch nie ein lebendiges Exemplar gesichtet oder gar gefangen wurde.

Auf der B 39 gen Nordwesten ist Eile mit Weile angesagt. Wie überall im Pfälzerwald werden Geschwindigkeitsbeschränkungen gerade auf den Bundesstraßen häufig kontrolliert, und wer will schon zu Fuß nach Hause gehen. Kurz hinter Lambrecht biegt die Deutsch-Französische Tou-ristikroute links ab, in das idyllische Speyerbachtal. Eine fantastische Motorradstrecke, die enorm kurvenreich den Naturpark durchschneidet. Eigentlich eine ideale Route, gäbe es da nicht die Verkehrsschilder zu Beginn der Strekke. Die besagen nämlich, dass motorisierte Zweiradfahrer ausgesperrt sind, zumindest feiertags und am Wochenende. Das wundert nicht wirklich, die Entwicklung der Unfallzahlen auf diesem Abschnitt war erschreckend. Ähnliche Überlegungen gab es übrigens auch für die B 48 zwischen Hochspeyer und Rinnthal. Hier hat sich jedoch sogar die Polizei dagegen gewehrt, fürchtete man doch eine Verlagerung des Motorradverkehrs auf kleinere Nebenstrecken.

Am Johanniskreuz steppt der Bär

Im Sommer treffen sich hier bis zu 1000 Motorradfahrer zum Sehen und Gesehenwerden

Wir bleiben auf der B 39, genießen noch ein wenig die Schwünge bis Hochspeyer. Dann geht es auf besagter B 48 erneut gen Süden, der Deutschen Alleenstraße folgend, die uns wieder zum Johanniskreuz bringt. Dort steppt inzwischen der Bär. Wie an fast jedem sonnigen Tag treffen sich hier unzählige Motorradfahrer zum Quatschen, zum Sehen und Gesehenwerden. Im Sommer sind es schon mal bis zu tausend pro Tag, und selbst Heiligabend ab zwölf Uhr gibt es hier das legendäre Treffen. Im Biergarten gleich am Straßenrand kühlen wir uns mit Wasser und Apfelschorle ab und lassen die Stärkung mit zwei Cappuccino auf dem Fuß folgen. Der vorherige Blick in die Speisekarte wäre nicht schlecht gewesen. Dass wir für die vier Getränke stolze 18 Euro bezahlen sollen, zeugt schon von einem gewissen Monopol des Wirtes. Das kann uns aber den Spaß an unserer Pfalztour ganz sicher nicht nehmen. Längst haben wir beschlossen, noch mal hier aufzukreuzen. Dann allerdings an einem Werktag, schließlich wartet ja noch das Speyerbachtal auf uns.

Leckeres Essen gibt es entlang der Route in Hülle und Fülle.
Das Schloss der Herzöge von Pfalz-Zweibrücken nur in Bad Bergzabern, wo es das Wahrzeichen der Stadt darstellt (unten rechts).

Renn-geschichte

Wo sonst, wenn nicht im Vogelsberg, hat man schon die Gelegenheit, auf einer fantastischen Rennstrecke unzählige freie Runden zu drehen? Und wenn dann auch noch das Drumherum stimmt, steht einer traumhaften Tour nichts mehr im Weg.

Es war das Jahr 1925, da schrieb das kleine hessische Städtchen Schotten Renngeschichte. Eine ganze Reihe technikbegeisterter Sportler gründete den »Vogelsberger Automobil- und Motorradclub« und organisierte noch im gleichen Jahr das erste Rennen »Rund um Schotten«. Über gut 16 Kilometer führte die höchst anspruchsvolle Strecke von Schotten nach Rudingshain, weiter nach Götzen und wieder zurück nach Schotten. Die Motorradrennen wurden in den folgenden Jahren legendär, Tausende Zuschauer säumten die landschaftlich traumhaft gelegene Strecke im Vogelsberg. Ab 1938 folgten die Sportwagenrennen. Höhepunkt des Schottener Treibens war sicher die Ausrichtung des Großen Preis für Deutschland für Motorräder 1953, der zur Motorrad-WM zählte. Mit dem schweren Unglück von Le Mans im Jahr 1955, bei dem 83 Zuschauer den Tod fanden, endete für lange Zeit auch die Geschichte des Schottenrings als Rennstrecke. Von 1968 bis 1983 fanden nochmals Fahrten auf der alten Strecke statt. Seit 1989 erinnert jetzt an jedem dritten Wochenende im August der Classic Grand Prix auf dem neuen 1,4 Kilometer langen Stadtkurs an den alten Glanz.

Bekannt unter Motorradfahrern: die B 276

Anspruchsvolle Kurven, herrliche Ausblicke in die bergige Landschaft und exquisiter Straßenbelag

Schotten, das ist auch der ideale Ausgangspunkt für eine Tour über die Traumstraßen des Vogelsbergs, ohne dass man Renntempo vorlegen müsste. Bekannt unter Motorradfahrern ist die B 276, die uns von hier gen Süden führt. Anspruchsvolle Kurvenkombinationen, herrliche Ausblicke in die bergige Landschaft und ein exquisiter Straßenbelag versprechen einen gelungenen Tourauftakt. Den weiteren Verlauf wollen wir uns aber fürs Dessert aufheben, also folgen wir den Schildern zum Hoherodskopf. Der ist mit 764 Metern der zweithöchste Berg der Region und bietet gleich einen knackigen Aufstieg. Schon von weitem ist der mächtige, rund 140 Meter hohe Fernmeldeturm auf dem Gipfel zu sehen. Uns reizt aber ein ganz anderer Turm, einer mit Aussicht, der Bismarckturm. Oben auf dem Hoherodskopf, wo einst der amerikanische Horchposten gen DDR lauschte, parke ich die BMW, und nur wenige Meter durch den Wald sind es dann noch bis zu dem massiven, 28 Meter hohen Aus-

Naturerlebnis Vogelsberg – die Rennfahrer seinerzeit dürften kaum ein Auge dafür gehabt haben. Schon gar nicht die Zeit, am Hoherodskopf beim Bonifatiusborn zu rasten (unten links).
Und wann hat eine Rennstrecke schon einen solchen sehenswerten Startpunkt wie Schotten mit seinem idyllischen Ortskern (unten)?

sichtsturm. Seit gut hundert Jahren streckt der sich in den vogelbergschen Himmel und bietet einen tollen Rundblick über die Region. Okay, für Nichtgeübte und Bewegungsmuffel stellen die vielen Stufen eine Herausforderung dar, aber der Ausblick lohnt die Mühen.

Vorbei am großen Bruder des Hoherodskopf, dem 773 Meter hohen Taufstein, stürzen wir uns wieder ins Tal. Die Ringstraße Hoher Vogelsberg lädt zu flottem Tempo ein, und die Fußrasten der RT hinterlassen ordentlich Reviermarken. Die nahe Ortschaft Schlechtenwegen macht ihrem Namen zum Glück keine Ehre. Über die griffige B 275 geht es weiter durch hügeliges Land. Die Ringstraße wird zuerst von der Deutschen Alleenstraße abgelöst, und nur wenige Kilometer weiter nennt sie sich schließlich Deutsche Fachwerkstraße. Wer mag, kann sich hier gleich am Fahrbahnrand abkühlen. Ober-Mooser und Nieder-Mooser Teich locken mit Schwimmbad und Campingplatz.

Poppenrod, Nüsberts-Weismoos, Wünschen-Moos, Kleinlüder – klingt alles nicht wirklich nach Weltstadt. Kleine Weiler und Dörfchen sind es, die wir im grünen Vogelsberg passieren. Fast scheint die Uhr hier langsamer als sonstwo zu gehen. Eine müde Katze blinzelt uns von einer Fensterbank hinterher, ein paar Greifvögel ziehen träge ihre Kreise durch den strahlend blauen Himmel, und das bevorzugte Fahrzeug der Anrainer scheint der Trecker zu sein. Durchs Tal der Kem-

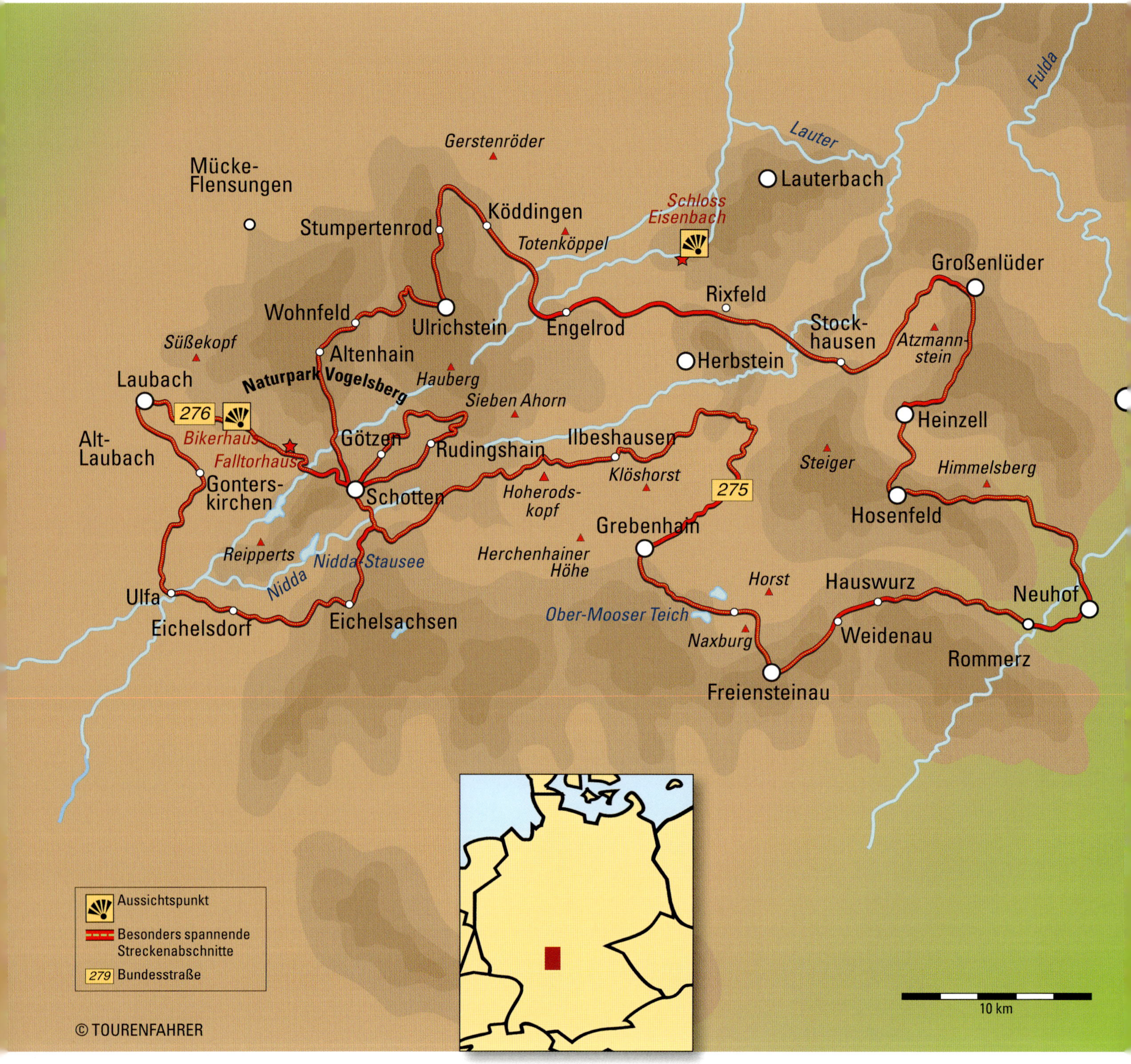

Gerstenröder
Mücke-Flensungen
Stumpertenrod
Köddingen
Totenköppel
Schloss Eisenbach
Lauterbach
Lauter
Fulda
Großenlüder
Rixfeld
Wohnfeld
Ulrichstein
Engelrod
Stock-hausen
Atzmann-stein
Süßekopf
Altenhain
Herbstein
Naturpark Vogelsberg
Hauberg
Laubach
Sieben Ahorn
276
Heinzell
Alt-Laubach
Bikerhaus
Götzen
Rudingshain
Ilbeshausen
Falltorhaus
Steiger
Gonters-kirchen
Schotten
Hoherods-kopf
Klöshorst
Himmelsberg
275
Hosenfeld
Grebenhain
Reipperts
Nidda-Stausee
Herchenhainer Höhe
Nidda
Horst
Hauswurz
Neuhof
Ulfa
Ober-Mooser Teich
Eichelsdorf
Eichelsachsen
Naxburg
Weidenau
Rommerz
Freiensteinau
Aussichtspunkt
Besonders spannende Streckenabschnitte
279 Bundesstraße
10 km
© TOURENFAHRER

INFORMATION

Region: Vogelsberg
Streckenlänge: ca. 260 km
Zeitaufwand: Tagestour, lässt man sich aber Zeit für Motorradtreffs und Sehenswürdigkeiten, werden daraus locker zwei Fahrtage.
Besonderheiten: Historische Rennstrecke, sehr kurvenreiche Nebenstrecken und interessante Motorradtreffs.
Sehenswert: Der Schottenring und seine Veranstaltungen (www.schottenring.de). Das Münch-Motorenmuseum (www.laubach-online.de). Laubach und Schotten haben sehenswerte historische Altstädte. Der Nidda-Stausee bei Schotten lockt als Freizeitparadies und mit einem Campingplatz. Neben Schindelbauweise und Fachwerk zeigt Ulrichstein mit dem Schlossberg und der Schlossruine Sehenswertes. Die beiden Motorradtreffs an der B 276 Falltorhaus und Bikerhaus sind bei entsprechendem Wetter immer gut besucht, vorbeischauen lohnt sich.

Auf der Route reckt sich vor einem der weiß leuchtende »Monte Kali« in die Höhe.

Der Autor mit dem Motorrad schnell unterwegs Richtung Vogelsberg.

mete folgen wir den Schildern nach Neuhof, um den gleichnamigen Forst zu umrunden. Hier kreuzten sich einst die alten Handelsstraßen Via Regia und Antsanvia. Schon aus weiter Entfernung fällt die im Volksmund »Monte Kali« genannte riesige weiß leuchtende Abraumhalde ins Auge. Der Name passt, ziert den gewaltigen Berg aus rund 50 Millionen Tonnen Salz und Gips doch ein richtiges Gipfelkreuz auf der Spitze. Wir schlagen einen Bogen um diese größte Deponie Europas und kurven durch waldiges Bergland und gewundene Nebenstrecken entlang kleiner Flüsschen wie Jossa, Lüder und Altefeld, die in jahrhundertelanger Arbeit ansehnliche Täler aus der Landschaft geschmirgelt haben. Hier wäre der richtige Abzweig für einen Abstecher nach Fulda. Die Bischofsstadt geizt nicht mit ihren Reizen. Ob die historische Altstadt mit dem bildschönen Rathaus, das Adelspalais oder die Orangerie und das Paulustor, es gibt eine Menge zu entdecken.

Orte, die nicht nach Weltstadt klingen

Kleine Weiler und Dörfchen sind es, die wir passieren. Fast scheint die Uhr hier langsamer zu gehen

Uns locken heute jedoch die Kurven, also kreuzen wir mal wieder die Deutsche Märchenstraße und steuern über Feldatal und Lautertal Ulrichstein an. Die höchstgelegene Stadt Hessens weiß mit einer besonderen Attraktion aufzuwarten. Auf einem über 600 Meter hohen Basaltkegel erhebt sich die Burganlage mit der Burgruine und dem Vogelsberggarten über der Landschaft. Der richtige Ort für ein gelungenes Picknick. Mit frischen Brezeln, herzhaftem Käse und einem knackigen Apfel als Nachtisch sitzen wir auf den Burgmauern, wo einst die Herren von Eisenbach über die Zinnen blickten, und genießen die famose Fernsicht.

Entlang der Bäche Ohm, Rauchel und Sausel folgen wir anschließend den Schildern zurück nach Schotten, vorbei am 450 Meter hohen Wintersberg. Auf zum Schottenring? Noch nicht ganz, jetzt gibt's erst mal lecker Kaffee. Und wo fährt der Motorradfahrer im Vogelsberg Kaffee trinken? Entweder beim »Falltorhaus« oder beim »Bikerhaus«. Beide liegen fast einträchtig nebeneinander an der B 276, wenige Kilometer hinter Schotten und vor Laubach. Das Stück Bundesstraße ist legendär. Nicht nur der Motorradtreffs wegen. 153 Motorradunfälle gab es hier in fünf Jahren. Vier Tote, 72 schwer und 80 leicht verletzte Motorradfahrer – eine heftige Bilanz, die zum Nachdenken anregen sollte. Bei den Treffs ist natürlich eine Menge los, wir lassen die RT ausrollen, gönnen uns einen starken schwarzen Muntermacher und stecken schnell mitten im Gespräch. Hauptthema – neben den Motorrädern natürlich – die Häufigkeit der Polizeikontrollen an der Strecke. Wen wundert's?

Weiter geht's entlang der kurvigen B 276. In Laubach erreichen wir den westlichsten Punkt des Naturparks Hoher Vogelsberg. Das heißt für uns scharf nach links schwenken und ein Stück der Naturparkgrenze folgen. Aber naturlich nicht ohne vorher einer echten Koryphäe des Vogelsbergs einen Besuch abzustatten, dem genialen Motorradtüftler Friedel Münch. Der schraubte schon 1948 im Keller der väterlichen Werkstatt sein erstes Motorrad aus Teilen einer Horex

Zu Besuch bei Friedel Münch

Der geniale Motorentüftler schraubte schon 1948 sein erstes Motorrad im Keller zusammen

und selbst konstruierten Bestandteilen zusammen, den Vorläufer der späteren Münch Mammut, die zum Traum aller Big-Bike-Fans avancierte.

Münchs heutige Werkstatt liegt in Laubach, ist zu besichtigen und beherbergt außerdem das Motorenmuseum. Wir haben zwar das Pech, dass der Maestro selber nicht anwesend ist, aber seine Geschichte und die Wunderwelt der Motorentechnik ist dennoch faszinierend.

Nach dem Rundgang sind wir wieder auf der Landstraße. Kernig schlängelt sich die Route durch die Region. Irgendwann überqueren wir die Nidda. Von hier geht es, sofern man möchte, schnurgerade über die schnelle B 455 zügig zurück nach Schotten. Wer diese Strecke wählt, kommt am Nidda-Stausee vorbei. Der ist schon seit Ewigkeiten ein beliebter Bade-, Angel- und Surfsee. Eine Armada von Leih-, Tret- und Schlauchbooten ist hier im Sommer unterwegs. Aber auch für den Sprung ins kühle Nass bietet sich der Stausee an. Sich von der Sonne trocknen lassen kann man anschließend auf den grünen Uferwiesen. Das kühle Nass heben wir uns lieber für den Abend auf, verlassen die B 455 also gleich wieder und schlängeln uns entlang des Eichelbaches

Orte, um den Motor einmal abzustellen: Auf Ulrichsteins Burgruine mit sensationellem Rundblick und an Koppeln, wo einem aus der Hand gefressen wird.

über schmale Nebenstrecken zur Deutschen Alleenstraße durch, die schließlich auch in Schotten endet.

Jetzt muss aber endlich der Startschuss für unsere persönliche Schottenring-Runde fallen. In Richtung Rudingshain sind wir auf der Straße unterwegs, auf der vor vielen Jahren Huschke von Hanstein, Schorsch Meier und viele weitere bekannte Rennsportgrößen um Sekundenbruchteile kämpften. Zu Füßen des 753 Meter hohen Sieben Ahorn fegen wir über die landschaftlich fantastisch gelegene ehemalige Rennstrecke. Weit reicht die Aussicht rechts und links in den Vogelsberg. Kaum anzunehmen, dass die Rennfahrer damals einen Blick für die schöne Landschaft hatten. Als wir für ein Foto anhalten, fliegen drei, vier Motorräder an uns vorbei. Die Strecke ist beliebt. Hinter Rudingshain kommen die ersten Kehren. Wie viele Sportler mögen hier schon im Grün gelandet sein?

Auf halber Strecke läutet ein scharfer Linksknick die Rücktour ein. Langgezogene Kurven führen gen Süden, durch das kleine Örtchen Götzen. Dann noch ein paar Meter, und schließlich landen wir wieder in Schotten, der kleinen Gemeinde, die so kräftig Renngeschichte schrieb.

Orte, um den Motor einmal abzustellen: Am Motorradtreff Falltorhaus (unten).

15

Way-
Lahn

Die herrlichen Straßen entlang der Lahn sind nur ein Highlight bei der Erkundung des Naturparks Taunus mit dem Motorrad. Wir haben uns einmal umgesehen und sind dabei auf viele gute Gründe gestoßen, möglichst bald wiederzukommen.

Bad Camberg, an der Kreuzung zwischen Deutscher Fachwerkstraße und Hochtaunusstraße gelegen, ist genau der richtige Einstieg für unsere Tour durch den Naturpark Hochtaunus. So rollen wir irgendwann am frühen Morgen von der A 3 herunter und finden uns nur wenige Meter weiter im Zentrum des urigen Kneippkurortes wieder. Die kuschelige Fachwerkidylle bietet sich an, um sich erstmal ein Frühstück zu gönnen, einen Kaffee zu schlürfen und noch einen letzten Blick in die Straßenkarte zu werfen. Doch dann geht's auch schon los.

Gleich hinter der Ortsgrenze warten die ersten kleinen Taunus-Nebenstrecken mit ihren verlockenden Kurven, bevor man am Flüsschen Weil schnell wieder auf die Hochtaunusstraße trifft. Wie der Name schon vermuten lässt, reicht der Blick von hier weit über die Landschaft.

Dichte Nebelschwaden halten sich noch

über den feuchten Wiesen, die Tautropfen glitzern in den Spinnennetzen rechts und links der Strasse

Dichte Nebelschwaden halten sich noch über den feuchten Wiesen, die letzten Tautropfen glitzern in den Spinnennetzen rechts und links der Straße, und die ersten Sonnenstrahlen kämpfen sich erfolgreich durch die feuchtigkeitsgeschwängerte Luft. Nur einen guten Steinwurf entfernt wetzen noch schnell drei, vier Rehe durchs Feld ins Unterholz.

Ein kleiner Schlenker über Finsternthal, das seinem Namen heute morgen zum Glück keine Ehre macht, dann finden wir uns auf der B 275 wieder. Jetzt kommt auch der sechste Gang zu seinem Recht. Ein paar richtig schnelle Kurven, dann folgen wir den vielversprechenden Schildern zum Feldberg.

In geschwungenen Kehren geht es immer weiter hinauf. Immerhin ist der Große Feldberg mit seinen 878,5 Metern nicht nur der höchste Berg des Taunus, sondern auch des gesamten Rheinischen Schiefergebirges – und sorgt erst mal für einen Schreck. Am Straßenrand steht unmissverständlich ein Motorradverbotsschild. Nein, nicht hier auch schon, ist mein erster Gedanke an eine neue Streckensperrung. Dann lese ich den Zusatz »22-6 Uhr«. Okay, sollen wohl ein paar nachtaktive

Die Auffahrt zum Feldberg ist nur nachts gesperrt – auch das schöne Café in Weilburg ist dann geschlossen (unten). Wer zeitig genug aus den Federn kommt, erlebt eine ganz eigene Lichtstimmung (rechts).

Fledermäuse vor Zweiradfahrern geschützt werden. Damit kann man leben. Ein zweiter Blick aufs Schild, vorsichtshalber, dann schrauben wir uns die letzte Etappe hinauf. Üblicherweise ist man hier oben als Motorradfahrer selten allein. Unterhalb des Aussichtsturms hat sich ein beliebter Motorradtreff entwikkelt. Dass hier jetzt gerade mal eine Hand voll Zweiräder parkt, mag an der frühen Stunde liegen. Trotzdem sind wir schnell im Gespräch, werfen gemeinsam einen Blick in die Ferne, wie es schon vor uns Goethe und Kaiser Wilhelm II. getan haben. Wer mag, kann sich noch im Feldberghof stärken oder während des Sommers in der nahen Falknerei den spannenden Greifvogel-Vorführungen zusehen. Für uns geht es jetzt allerdings erst mal wieder bergab. Zügig verliert die RT an Höhe, dann folgen wir wieder der Hochtaunusstraße. Ein Faible für die alten Römer? Vom Latein-Unterricht noch nicht geheilt? Dann sollte man hier un-

Holzhausen
Kesselberg
Mengerskirchen
Stock-
hausen
Leun
Wetzlar
Seeweiher
Neuselterser
Mineralquelle
Schloss
Braunfels
Merenberg
Turmruine
Schloss
Weilburg
456
Hundsangen
Schiffs-
tunnel
Kristallhöhle
Wirbelau
Weinbach
Lahn
Weilmünster
Brandoberndorf
Heidenkopf
Runkel
Burg
Aumenau
Laubus-
eschbach
Hasselborn
Aubach
Bodenrod
Wiesbach
Donners-
kopf
Grävenwiesenbach
Oberbrechen
Suterkopf
Vogelpark
Kirschen-
höhe
Usingen
Eschbacher
Klippen
Emsbach
Merzhausen
Erbach
Bad Camberg
Altweilnau
Finsternthal
Freilichtmuseum
Hessenpark
Weil
275
Schmitten
Herzberg
Wüstems
Großer
Feldberg
Röm. Kastell/
Limes
Kleiner Feldberg
10 km
© TOURENFAHRER
Aussichtspunkt
Besonders spannende
Streckenabschnitte
Bundesstraße 275

INFORMATION

Region: Taunus
Streckenlänge: ca. 220 km
Zeitaufwand: Tagestour
Besonderheiten: Tour über viele kleine Nebenstrecken mit zahlreichen Sehenswürdigkeiten.
Sehenswert: Umfangreiche Schlossanlagen in Weilburg mit Garten, Schlosskirche, Schlossplatz und vielem mehr. Interessante Führung, Infos: 06471/91270.
Deutschlands einziger Schifffahrtstunnel in Weilburg.
In Runkel sichert die mächtige gleichnamige Burg den Lahnübergang. Sie kann besichtigt werden. Infos unter 06482/941472 oder 06482/4222. Bei Schmitten liegt das Freilichtmuseum Hessenpark mit über 100 kompletten Gebäuden und rund 30 Dauerausstellungen. Im Wirtshaus »Zum Adler« lässt sich hervorragend tafeln und pausieren. Die Eschbacher Klippen nördlich von Usingen werden gern von Kletterern erklommen. Am Aussichtsturm des Großen Feldberg findet der größte Motorradtreff der Region statt.

Auf dem Weg zu Schloss Braunnfels, das auch »Hessisches Märchenschloss« genannt wird.

In Runkel wacht die prächtige Burg über die nicht minder prächtige Lahnbrücke (links) – ein Anblick, der ein nettes Intermezzo zwischen all der Kurvenkratzerei darstellt. (rechte Seite rechts). Der Brunnen am Wegesrand hält für Durstige Biker Kristallklares Tauniswasser bereit (rechte Seite links).

bedingt einen Blick auf die römischen Kastelle und den Limes werfen, die ehemalige Außengrenze des Römischen Reiches. Aber man kann auch einfach beides rechts liegen lassen, ohne sich zu schämen, und lieber weiter die Schräglagen genießen. In Schmitten passieren wir das gemütliche Hotel Kurhaus Ochs. Anton, Wirt und selber Biker, freut sich immer über Motorrad fahrende Besucher und geizt nicht mit guten Tipps und Routenvorschlägen. Wenige Kilometer weiter liegt dann auch schon ein echter Höhepunkt einer Taunus-Tour, das Freilichtmuseum Hessenpark. Hier laden über 100 geschichtsträchtige Gebäude zur Besichtigung, Handwerker präsentieren ihr historisches Schaffen. Auf dem riesigen Gelände fühlt man sich zurückversetzt in alte Zeiten, während gleich daneben, auf dem Anspacher Flugplatz, moderne Technik dominiert. Dort findet jedes Jahr während des letzten Augustwochenendes das zweitägige Taunus-Flugfest statt. Dann jagen Kunstflieger durch den blauen Himmel, Fallschirmspringer gleiten durch die Luft, und schließlich landet man doch wieder in den guten alten Zeiten, wenn die Oldtimer der Lüfte ihre Pirouetten drehen. Und mit ein bisschen Schwein wird die Eintrittskarte zum Glückslos, und man sitzt mit in der fliegenden Kiste. Wir fliegen mit unserer Kiste weiter gen Norden, treffen kurz mal wieder unsere alte Bekannte, die B 275, dann rollen wir durch Usingen und geraten dort an ein faszinierendes Naturdenkmal, die Eschbacher Klippen. An den steilen Felswänden beweisen regelmäßig Kletterer ihr Geschick, und schon vom Zusehen kann einem hier ganz gut schwindelig werden. Nördlich davon liegt wieder Kurvenland. Auf schmalem Asphalt kratzen wir durch die Landschaft. Hinauf auf den Donnerskopf, durch Grävenwiesbach hindurch und entlang des idyllischen Wiesbaches. Überhaupt haben sich die Straßenbauer der Region wohl in der Vergangenheit an den Gewässerläufen orientiert. Gut so, denn auf diese Weise kommen wir in den Genuss so mancher Biegung, die vielleicht gar nicht unbedingt notwendig gewesen wäre. Aubach, Wiesbach, Bleidenbach, Weil und der Weinbach haben hier ganze Arbeit geleistet und ordentliche Tallagen vorgegeben. Natürlich nicht die wirklich spektakulären Täler wie in den Alpen, aber immerhin genug, um der Landschaft einen bergigen Charakter und Motorradfahrern eine Menge Spaß zu verpassen.

AN DEN STEILEN FELSWÄNDEN BEWEISEN

KLETTERER IHR GESCHICK, UND SCHON VOM ZUSCHAUEN KANN EINEM SCHWINDELIG WERDEN

Bei Aumenau treffen wir zum ersten Mal auf die Lahn, ein Fluss, dessen Erkundung auch auf dem Wasserweg lohnt. Hier paddelten wir schon einige Male mit dem Kanu durch die glitzernden Stromschnellen. Umso mehr freuen wir uns schon auf die reizvolle Stadt Weilburg, nur wenige Kilometer weiter entlang der Deutschen Fachwerkstraße. Schließlich wissen wir schon, was uns da erwartet. Zwischen herrlichen Fassaden schlendert man hier durch die Altstadt und das Zentrum, kann sich beim Schloss eine Kaffeepause in der Sonne gönnen und natürlich auch einen Blick auf Deutschlands einzigen Schifffahrtstunnel werfen, der seit über 150 Jahren durch den Berg führt. Bisher kannten wir ihn nur von der Wasserseite aus, jetzt genießen wir den Anblick auch mal als Landratten.

Reichlich kurvige Kilometer weiter liegt Braunfels, das ebenfalls mit einem sehenswerten Schloss protzt. Hier verlassen wir dann den Naturpark, überqueren die Lahn, folgen ihr ein Stück auf der idyllischen Uferstraße. Solmser Straße nennt sich diese touristische Route, die in Braunfels startet und nach 210 Kilometern in Kronberg im Taunus endet. Sie führt durch die geschichtlich bedeutungsvollen Orte der ehemaligen Fürstentümer des Hauses Solms.

In Holzhausen, dem nördlichsten Punkt der Tour, verlassen wir sie wieder und halten uns in östlicher Richtung. Hinter Mengerskirchen liegt der Seeweiher gleich am Straßenrand. Der ideale Platz für ein entspannendes Picknick am Ufer. Für den längeren Aufenthalt empfehlen sich Campingplatz und Freibad. Uns treibt es aber auf Merenberg zu. An dessen westlichem Stadtrand erhebt sich eine alte Turmruine in den Himmel. Die hat zwar ihre besten Zeiten schon lange hinter sich, die Aussicht von hier oben aber nicht. Sie ist immer noch fantastisch.

Die Turmruine hat ihre besten Zeiten zwar

schon lange hinter sich, die Aussicht von hier oben ist allerdings immer noch fantastisch

Fast wären wir wieder in Weilburg, biegen aber kurz vorher, am Rand des Naturparks auf die Lahn-Ferienstraße ab, die sich hier den Asphalt mit der Fachwerkstraße teilt. Parallel zur Lahn führt die Nebenstrecke durch hügelige Landschaft, vorbei an kleinen Weilern, urigen Höfen und winzigen Dörfchen. Schließlich erreichen wir Runkel, dessen Silhouette sich mehr als sehen lassen kann. Zu Füßen der mächtigen mittelalterlichen Burg, die hier über der Lahn wacht, führt eine steinerne, nicht minder historische Brücke über den an dieser Stelle wild schäumenden Fluss. Auch das gesamte Stadtbild passt hervorragend zu dem Szenario und scheint geradewegs einem alten Ritterfilm entsprungen zu sein. Am besten lässt man das Motorrad einfach an

der Brücke stehen und erkundet zu Fuß die schmalen Gässchen und Wege der Altstadt. Da es von hier aus nur noch wenige Kilometer bis zum Ausgangspunkt unserer Taunustour, Bad Camberg, sind, lässt sich im urigen Restaurant »Zum Güterschuppen«, gleich am Bahnhof, auch noch ein lecker deftiges Abendessen bestellen.

Ein kleines Stück entlang der Lahn, noch mal ein paar Meter auf der Fachwerkstraße, vorbei an den Seltersquellen, dann liegen wieder die Tore Bad Cambergs vor uns. Hinter uns liegt dafür eine fantastische Rundtour durch den Naturpark Hochtaunus. Und wer dann immer noch nicht genug vom Taunus hat, der kann ja die Region westlich der A 3 erkunden, der Solmser Straße oder der Lahn folgen. Und den Naturpark Rhein-Taunus gibt es schließlich auch noch, aber das wären ja schon wieder ganz andere Geschichten.

Selbst wenn es einmal schnurgeradeausgeht, kann das im Hunoldstal seine Reize haben.

Pirsch
im Schwarzwald

Ganze Busladungen kommen her wegen des Heimatidylls, auf der Suche nach Kuckucksuhren und Schwarzwälder Kirsch. Wer auf zwei Rädern den Schwarzwald bereist, sucht eher nach der perfekten Kurve. Und da hat er die große Auswahl.

Der Schwarzwald – ist das nicht dort, wo Millionen Holzvögelchen stündlich schreiend aus geschnitzten Uhrwerken springen, Heerscharen betagter Busurlauber kirschwassergetränkte Sahnestücke verzehren und junge, dralle Madeln in weißen Blusen mit Puffärmeln lustige Strohhüte mit elf roten Bommeln obenauf tragen?

Ja, es gibt sie tatsächlich, die Kuckucksuhren, die Kirschtorte, die Bommeln, aber eher in homöopathischen Dosen. Auch Heerscharen trifft man hier bisweilen – meist sind das aber Motorradfahrer, unterwegs in fantastischer Landschaft.

Die ersten Meter zum Aufwärmen beschert die B 31, auch »Grüne Straße« genannt, dann tauchen wir bei Döggingen schon ein in das Kurvenlabyrinth unweit der Gauchach- und Wutachschlucht. Eine waschechte Schluchtentour ist es, die

Der Albsee ist Pförtner für ein Highlight

Bis hin nach Albbruck steigen die Felswände gen Himmel, fällt der Blick hinab zum sprudelnden Bach

uns nun bevorsteht. Ein paar Schlenker um Bonndorf herum, schon findet man sich im Tal der Steina wieder. Was das kleine Flüsschen aus dem Buntsandstein herausgeschmirgelt hat, verdient Respekt. Kurven und Windungen durch blütenübersäte Wiesen und dunkelgrüne Wälder, ein Kunstwerk der Natur. Untermettingen setzt das Signal zur Umkehr, und wir wenden uns gen Norden. Diesmal durch das Schlüchttal, an dessen Ende das Rothaus wartet, der Brauerei-Gasthof der Badischen Staatsbrauerei Rothaus AG. Das klingt nicht nur gut, dort schmeckt es auch so. Für uns ist allerdings nach der Brauereibesichtigung nur etwas Alkoholfreies drin.

Zweimal links heißt es am Schluchsee, dann steigen wir erneut ins Tal ab. Der ein oder andere wird dagegen wohl am Schluchsee hängen bleiben, die Badehose auspakken, Tretbootfahren, tauchen, segeln – das Freizeitangebot ist riesig, und für jeden Geschmack dürfte etwas dabei sein.

Unser Geschmack sind eher die südlichen Schwarzwaldtäler, und wir lassen uns diesmal von der Schwarza den Weg bereiten. Kurz hinter dem kleinen Nest

Impressionen einer Schwarzwaldrunde: Mal schmissige Straßen im Grünen, mal viel Holz vor der Hütt'n. Kuckucksuhren und handgeschnitzter Wegweiser gehören genauso dazu. Streife Fahren kann auch mächtig Spaß machen.

Schluchsee St.Blasien
Grafenhausen Waldshut
Bodensee

POLIZEI

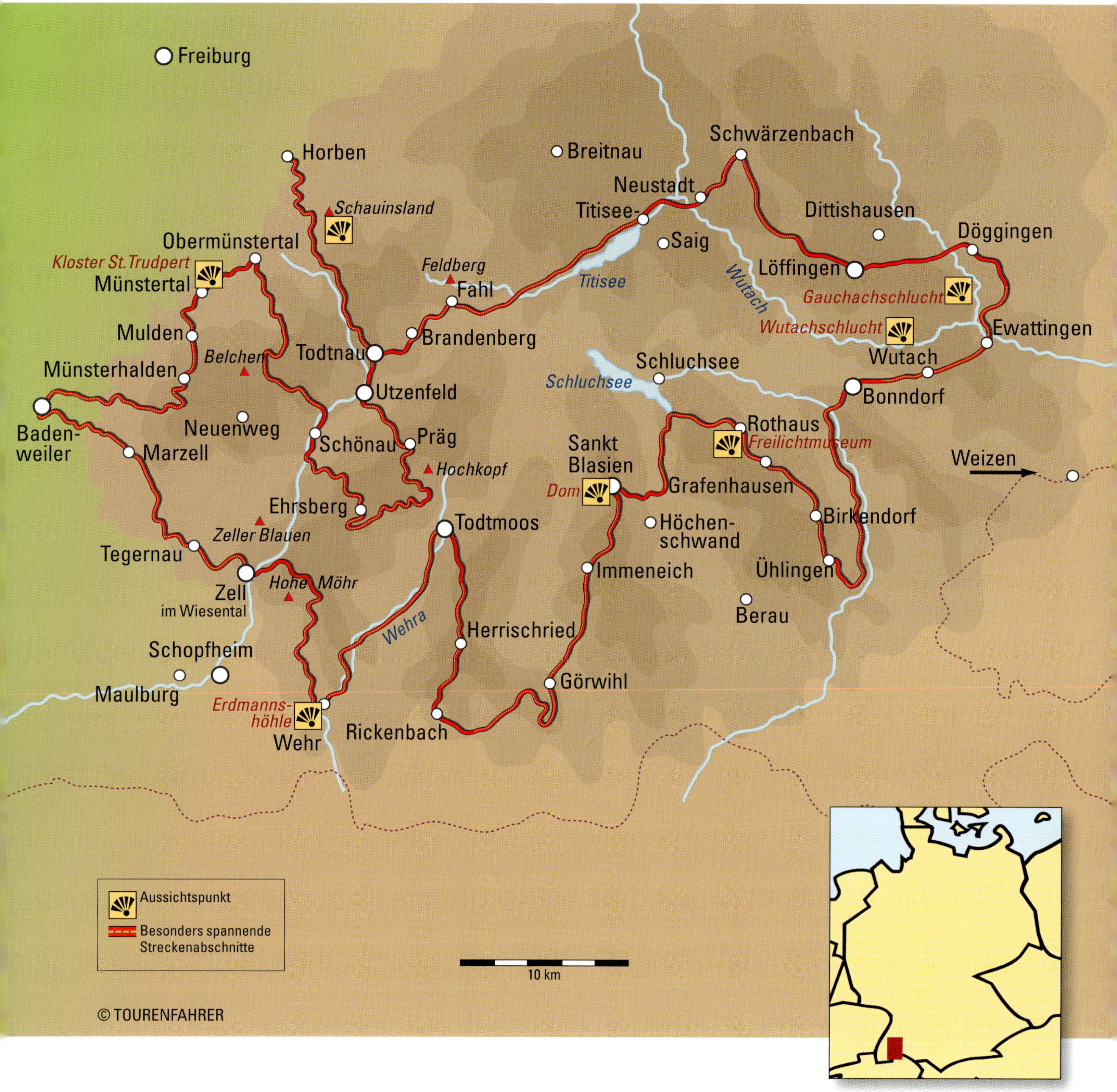
Freiburg
Horben
Schauinsland
Breitnau
Schwärzenbach
Neustadt
Titisee-
Dittishausen
Döggingen
Saig
Löffingen
Gauchachschlucht
Wutachschlucht
Ewattingen
Wutach
Titisee
Wutach
Feldberg
Fahl
Obermünstertal
Kloster St. Trudpert
Münstertal
Mulden
Belchen
Brandenberg
Todtnau
Münsterhalden
Utzenfeld
Schluchsee
Schluchsee
Bonndorf
Baden-
weiler
Neuenweg
Schönau
Präg
Rothaus
Freilichtmuseum
Marzell
Sankt
Blasien
Hochkopf
Weizen
Dom
Grafenhausen
Ehrsberg
Zeller Blauen
Todtmoos
Höchen-
schwand
Birkendorf
Tegernau
Immeneich
Ühlingen
Zell
im Wiesental
Hohe Möhr
Berau
Wehra
Herrischried
Schopfheim
Maulburg
Görwihl
Erdmanns-
höhle
Wehr
Rickenbach
Aussichtspunkt
Besonders spannende
Streckenabschnitte
10 km
© TOURENFAHRER

INFORMATION

Region: Süd-Schwarzwald
Streckenlänge: ca. 325 km (zuzüglich 55 km für Schauinsland-Rennstrecke)
Zeitaufwand: Zweitagestour, sportliche Fahrer schaffen sie auch an einem Tag.
Besonderheiten: Ungemein kurvenreiche Nebenstrecken in landschaftlich traumhafter Umgebung.
Sehenswert: Badische Staatsbrauerei Rothaus AG mit Brauereibesichtigung, www.rothaus.de.
Der Schluchsee ist der größte Schwarzwaldsee und lockt mit großem Freizeitangebot, www.schluchsee.de.
Für Entdeckernaturen lohnend ist ein Besuch des Museumsbergwerks Schauinsland, www.schauinsland.de.
In Feldberg-Bärental betreibt Familie Bizenberger ein kurioses Museum, in dem es ums Schnapsbrennen, um uralte Haushaltsgeräte und um Oldtimer-Motorräder geht, www.gscheiter-beck.de.
Gleich bei Münstertal bietet sich Staufen mit seinem sehenswerten Stadtkern für einen Abstecher und eine Pause an, www.touristik-staufen.de.

Die Klopfsäge bei Fröhnd rappelt seit 200 Jahren. Staufen lädt ein zur Pause vor bunt geschminkten Fassaden. (rechte Seite links)
Fast wie in den Alpen: An Serpentinen mangelt es nicht rund um Obermünstertal (rechte Seite rechts).

Staufen – nicht zu verwechseln mit dem großen Staufen westlich des Schauinsland – weist ein kleines Schild auf das Café Drehzahl hin. Auf schmaler, einsamer Waldstraße geht es hinab zum Schwarzasee, an dessen Ufer besagtes Café liegt. Spätestens der Blick auf die reichhaltige Karte macht klar, warum dieses Haus bei Motorradfahrern so beliebt ist. Heimisches Wild, norwegischer Lachs, Deftiges, Köstliches, saisonal wechselnd, liebevoll zubereitet, und dazu noch ein schöner Blick von der Seeterrasse. Was will man mehr? Der Albsee spielt praktisch den Pförtner für ein echtes Highlight der Südschwarzwald-Traumstraße. Bis nach Albbruck schlängelt sich von hier das enge Tal in Richtung Süden. Links steigen mächtige Felswände steil in den Himmel, rechts fällt der Blick teilweise tief hinunter, wo sich der sprudelnde und plätschernde Bach sein felsiges Bett schwer erarbeitet hat. Kantige, aufrecht stehende Felsblöcke und Steine ersetzen die Leitplanke. Nicht für jeden ein Grund, es hier ruhiger angehen zu lassen. Das Tal ist Herausforderung für die Knieschleiferfraktion, hier geht es teilweise recht hastig zu. Über Görwihl verlassen wir das Albtal und damit den Hotzenwald und steuern auf Todtmoos zu, wo sich an der Abzweigung nach Sankt Blasien regelmäßig jede Menge Motorradfahrer treffen. Das nächste Tal wartet. Und was für eines: das Wehratal. Gerade mal zwanzig Kilometer liegen zwischen der Quelle der Wehra bei Todtmoos und der Mündung in den Rhein hinter Wehr. Aber die haben es in sich. Kernige Kurvenkombinationen in fantastischer Landschaft, hier und da saftig grüne Wiesen, dann wieder steile, felsige Hänge. Rechts und links der Straße locken herrliche Picknickplätze, so dass sich während der Vesper wunderbar der Fahrstil der Mitstreiter begutachten lässt.

DURCH EIN UNBERÜHRTES STÜCK SCHWARZWALD

WEITE BLICKE ÜBER GRÜNES LAND, KLEINE WEILER UND DUNKLE HÖFE. SO SIEHT SIE AUS, DIE IDYLLE

Wehr, Schweigmatt, Schlechtbach, dann geht es zu Füßen der Hohen Möhr hinüber nach Zell im Wiesental. Ein einsames Sträßchen, das noch durch ein unberührtes, ursprüngliches Stück Schwarzwald führt. Weite Blicke über das grüne Land, über kleine Weiler und dunkle Schwarzwaldhöfe, blütenübersäte Almen und grasende, glückliche Kühe – so sieht sie aus, die Idylle.

Ab hier ist Badenweiler ausgeschildert, und mächtige Serpentinen führen hinunter an den tief gelegenen westlichen Rand des südlichen Schwarzwaldes. Wer den Blick noch einmal übers Land schweifen lassen will, nutzt noch schnell den Abstecher auf den 1165 Meter hohen Blauen, auf dessen Kuppe ein Aussichtsturm eine Fernsicht bis weit hinein in die Vogesen oder über den ganzen Südschwarzwald bietet.

Badenweiler, dessen Kurpark als eine der schönsten deutschen Parkanlagen gilt, bietet auch sonst noch einige Sehenswürdigkeiten, wie die römische Badruine, die Burg oder das Palais. Thermen, Bäder, Saunen, hier dreht sich alles rund um die Gesundheit und den Kurbetrieb. Am Ufer des Klemmbachs entlang schrauben wir uns wieder in die Höhe. Wer den Schildern nach Münstertal folgt, wird rechts und links der Straße so manches romantische alte Schwarzwaldhaus entdecken. Ein Hingucker der ganz anderen Art ist die Etappe zwischen Obergaß und dem Belchen. Die Anfahrt auf den mit 1414 Metern vierthöchsten Berg des Schwarzwaldes erfordert Schwindelfreiheit. Kaum ein Stück Straße, das man in der Senkrechten passiert, ein Traum für Schräglagen-Junkies, der bis Schönau reicht. Dort auf der B317 angekommen, ist manch einer vielleicht froh, dass es zur Abwechslung mal hundert Meter geradeausläuft und es sich tief durchatmen lässt. Aber nicht für lange – schon wenige Kilometer weiter bei Fröhnd schlängelt sich ein Sträßchen entlang steiler Wiesen mal

Grossen Stellenwert hat hier das Motorrad

Nicht verwunderlich in Todtnau, einer Region, die einen ganz besonderen Leckerbissen bereithält

bergauf, mal bergab, führt vorbei an Höfen und Eckchen, wo die Zeit stehen geblieben ist. Nur ein, zwei Autos begegnen uns, hier und da mal ein Trecker und auch ein Motorradfahrer, den wie uns die Schilder zur Klopfsäge lockten. Seit 1808 steht hier bei Fröhnd die von einem Wasserrad angetriebene Säge. Vor wenigen Jahren renoviert, ist sie heute während des Sommers an jedem Sonntag in Betrieb und frisst sich wie vor 200 Jahren durch dicke Holzstämme. Immerhin anderthalb Kubikmeter Holz zersägt die Mühle pro Tag in handliches Schnittholz.

Vorbei am 1263 Meter hohen Hochkopf schlagen wir Kurs Todtnau ein. Die kleine Gemeinde mit dem großen Programm. Mit Sommerrodelbahn, Kletterschule und dem Hochseilgarten. Man kann sich auch ein Mountainbike leihen, und natürlich locken Unmengen Wanderweg-Kilometer. Großen Stellenwert im Todtnauer Ferienland hat das Motorrad. Dafür spricht nicht nur der samstägliche Motorradtreff auf dem Marktplatz, sondern auch der umtriebige Todtnauer Motorradclub und die zahlreichen Angebote für Zweiradfahrer. Nicht verwunderlich in einer Region, die einen ganz besonderen Leckerbissen bereithält, die Schauinsland-Strecke nörd-

lich von Todtnau. Schauinsland-Strecke – das bedeutet zwölf Kilometer voller Serpentinen auf einer ehemaligen Bergrenn strecke. Von 1923 bis 1984 richtete hier der ADAC seine legendären Schauinsland-Rennen aus. Seit 2000 gibt es die Schauinsland-Klassik für Oldtimer. Auch über die Region hinaus ist die Strecke bei Motorradfahrern beliebt, und so mancher verhinderte Rennfahrer ließ es hier so richtig krachen. Gekracht hat es dann auch öfter, und so kam, was kommen musste: Seit geraumer Zeit ist die Strecke für Motorradfahrer an Wochenenden und Feiertagen gesperrt. Glück für uns, heute ist Freitag, und so können wir die unzähligen Kurven hemmungslos genießen. Nur an der Holzschlägermatte, bei einem geschlossenen Gasthaus, muss man sich einer ausgiebigen Fahrstilanalyse unterziehen. Hier hat sich eine beliebte Schaukurve etabliert, und besonders freitags steht man unter scharfer Beobachtung.

Vorbei am Feldberg kurven wir über die B 317 in Richtung Titisee-Neustadt und lassen für heute unsere Schwarzwald-Tälertour ausklingen. Für heute wohlgemerkt, denn schon ein flüchtiger Blick auf die Karte verrät, dass es hier noch eine Menge zu erkunden gibt. Und ich meine nicht Kirschtorten, Kuckucksuhren und Bommel.

Immer nah am Fels ist man im Albtal unterwegs.

Wald-
Meister

Der Bayerische Wald ist das größte Waldgebiet Mitteleuropas Was einst undurchdringlicher Urwald war, bietet heute ein Netz kleinster Straßen, die mittenhinein in die Idylle führen.

Straubing hat Agnes Bernauer nicht vergessen. Wie auch, schließlich verdankt die niederbayerische Stadt ihren Bekanntheitsgrad dem Schicksal der Dame. Die Brücke, auf der wir aus der Stadt rollen, trägt ihren Namen, und von hier ließ ihr Schwiegervater sie vor gut 500 Jahren in die Donau werfen. Er hatte sich halt was anderes vorgestellt für seinen Filius, den Wittelsbacher Erben Albrecht, genannt »Der Fromme«. Bei aller Frömmigkeit nimmt der Sprössling dem Papa die unerwartete Witwernschaft nicht weiter krumm, vier Wochen später sind beide wieder versöhnt, und zwei Jahre später heiratet »der Fromme« gehorsam Papas Favoritin. So einfach ließen sich einst Familienstreitigkeiten lösen.

EIN SCHULBUS SAMMELT VOR UNS KINDER EIN,

DIE SICH AM FENSTER DIE NASE PLATT DRÜCKEN. MOTORRADFAHRER SCHEINEN SICH HIERHIN SELTEN ZU VERIRREN

Von besagtem Tatort brechen wir auf in den Bayerischen Wald und folgen dem Lauf der Donau. Nur wenige Kilometer, dann bietet sich schon ein kurzer Abstecher nach Bogen an. Das kleine Städtchen rühmt sich gerne als Ursprungsort der berühmten weißblauen Rauten, die heute Bestandteil des bayerischen Wappens sind und auf keiner Bierfest-Serviette fehlen dürfen. Außerdem gibt es hier noch den Bogenberg. Auf ihm steht die Wallfahrtskirche Mariä Himmelfahrt, die seit 1104 das Ziel der ältesten Wallfahrt Bayerns ist. Und so ganz nebenbei eine prachtvolle Aussicht über das Donautal bietet. Gleich hinter Bogen werden die Straßen schmal und kurvig, die den Naturpark Bayerischer Wald durchziehen. Vorbei an der kleinen Klostergemeinde Windberg geht es durch bergiges Land rund um den 1095 Meter hohen Hirschenstein. Dichter Wald, gepflügte Äkker, saftige Wiesen und Weiden, dazwischen das schmucke Dorf Sankt Englmar. Wir folgen den kleinen gelben Hinweisschildern in Richtung Allersdorf. Ein Schulbus sammelt vor uns Kinder ein, die sich am Fenster die Nase nach uns platt drücken. Motorräder scheinen sich hierhin selten zu verirren.

Hinter Gotteszell wird es rasanter. Über die B 11 fliegen wir auf Deggendorf zu. Weite bayerische Landschaft huscht vorbei. Berge, teilweise deutlich über 1000 Meter, an deren Hängen kleine Weiler und Wälder kleben. Kurz vor Deggendorf machen wir kehrt und halten auf Re-

Zahlreiche Seen entlang der Route bieten sich zur Rast an. Hoffentlich ist die Badehose im Tankrucksack (unten). Bunt präsentiert sich der Straßenrand (rechte Seite).

gen zu. Schon die Schilder mit den Hinweisen auf Schneeketten zeugen von einem knackigen Anstieg, und natürlich geht es nicht nur steil nach oben, über die Passhöhe Rusel wird es auch mächtig kurvig. Das heimelige Örtchen Regen bietet sich für ein zweites Frühstück an, dann führt uns die B 85 wieder nach Süden. Gleich drei touristische Routen nehmen sie in Beschlag. Bier- und Burgenstraße, Bayerische Ostmarkstraße und die Glasstraße verlaufen über dieses Teilstück. Kein Wunder bei dieser Streckenführung durch Natur- und Nationalpark. Bei Schönberg sind wir zurück auf schmalem Asphalt, umrunden den über 1000 Meter hohen Brotjacklriegel und finden uns zwischen Tittling und Passau dann doch auf der Bayerischen Ostmarkstraße, sprich B 85, wieder. Passau, die Dreiflüsestadt, muss man einfach gesehen haben. Der bildschöne Stephansdom streckt seine Türme in den Himmel, die Fassaden von Opernhaus und Palais strahlen um die Wette, Uferpromenaden und Altstadtgassen locken zum Flanieren. Gut möglich, dass man angesichts dieser Schönheit die Tour unterbricht und sich Passau einen ganzen Tag lang gönnt. Es lohnt sich. Mit einem Schlenker über

Region: Bayerischer Wald
Streckenlänge: ca. 490 km
Zeitaufwand: Zweitagestour, extrem sportliche Fahrer schaffen sie an einem Tag. Wer sich den zahlreichen Sehenswürdigkeiten widmet, kann hier aber auch eine ganze Woche ohne Langeweile unterwegs sein.
Charakter: Der Bayerische Wald misst 6000 Quadratkilometer und ist damit die größte zusammenhängende Waldlandschaft Mitteleuropas. Die einstmals undurchdringliche Wildnis ist heute Ferienlandschaft, die mit dem ältesten Nationalpark Deutschlands und historischen Städteperlen wie Passau, Regensburg und Straubing viele Besucher lockt. Bei der Wahl unserer Route haben wir Wert auf eine Mischung aus landschaftlich reizvollen und fahrerisch anspruchs- vollen Abschnitten gelegt.

Sehenswert: Passau, die Drei-Flüsse-Stadt, zählte der Weltreisende Alexander von Humboldt zu den sieben schönsten Städten der Welt. Der italienisch anmutenden Barockstadt sollte man unbedingt einen längeren Besuch abstatten. www.passau.de
Agnes-Bernauer-Festspiele in Straubing. Alle vier Jahre im Juli wird der Mord an der ungeliebten Schwiegertochter des Bayernherzogs Ernst inszeniert. Das nächste Mal 2011. www.agnes-bernauer-festspiele.de
Im Nationalpark Bayerischer Wald lässt sich bei einer Wanderung eine ursprüngliche, vom Menschen unbeeinflusste Natur entdecken. Zwei Tier-Freigehege, eins bei Neuschönau, das andere bei Ludwigsthal, zeigen dem Besucher die heimische Tierwelt, die hier wieder angesiedelt wurde. So lassen sich hier unter anderem Wölfe, Luchse, Wildpferde und Urrinder beobachten. www.nationalpark-bayerischer-wald.de
Zu Füßen des Arber bei Bodenmais lässt sich das Besucherbergwerk Silberberg besichtigen. www.silberberg-online.de
Entlang der Glasstraße liegen einige interessante Glashütten, -museen und -läden, in denen sich auch

Glasprodukte erstehen lassen. Bei Transportproblemen kann man sie sich nachschicken lassen. www.dieglasstrasse.de
Ein besonderer Spaß ist der Bikepark Geisskopf bei Bischofsmais. Die Motorradkleidung anlassen, ein Mountainbike leihen, mit dem Lift auf fast 1100 m hoch und dann in den perfekten Downhill-Spaß stürzen. www.bikepark.net
Stellvertretend für viele Burgruinen im Bayerischen Wald sei hier die Burgruine Weißenstein bei Regen genannt, die fantastische Aussichten bietet.
Lust, mal Einblicke in eine alte Dorfschmiede zu erhalten? Dies und vieles mehr bietet das Freilichtmuseum Finsterau. www.freilichtmuseum.de
Bei einer Kanutour auf dem Regen lässt sich der Bayerische Wald mal aus einer anderen Perspektive entdecken. Zahlreiche Verleiher finden sich zwischen Roding und Regenstauf.
Motorradtreffs: Am Parkplatz des Großen Arbersees hat sich ein beliebter Treffpunkt etabliert. Hier ist man mittendrin im Kurvenlabyrinth des Großen Arber, des 1456 Meter hohen »Königs des Bayerischen Waldes«.
Internet:
www.naturpark-bayer-wald.de
www.bayerischer-wald.info
www.bayerischer-wald.de
www.bayerwald-info.de

Hauzenberg zu Füßen des Staffelbergs geht es weiter entlang der Donau auf die österreichische Grenze zu. Kurz vor dem Schlagbaum, im so genannten Abteiland, trennen wir uns schließlich vom Fluss und steuern immer entlang der deutsch-österreichischen Grenze das Dreiländereck mit der Tschechischen Republik an. Das lässt sich allerdings nur mit einer strammen Wanderung erreichen. Okay, halten wir uns eben an den nicht weniger schönen Dreisesselberg. Hier oben auf 1312 Metern, am Ende der öffentlich befahrbaren Bergstraße belohnt uns dafür der Berg-

Manchmal zeigt der Straßenrand Steinmetzkunst als Ortsschild.

Gartenzwerge scheinen sich bei St. Englmar besonders wohl zu fühlen (oben links).
Für die Brettl'n ist grad keine Saison am Arber, dem »König des Bayerischen Waldes« (oben rechts).

gasthof Dreisessel, an dem in nur wenigen Metern Entfernung die tschechische Grenze vorbeiführt.

Haidmühle, Philippsreut und Mauth heißen die weiteren Stationen nahe des Grenzverlaufs, die uns schließlich wieder zurück an den Nationalpark führen. Entlang sprudelnder Bäche, durch dicht bewaldete schattige Hänge mit herausfordernden Kehren und über weites grünes Land schlängelt sich der Asphalt bis nach Spiegelau, das durch seine Glaskunst bekannt ist. Die Glashütte und die umliegenden Läden bieten das zerbrechliche Material in Form unzähliger Kunstwerke, Gläser, Flaschen und Vasen an. Für den Transport auf dem Motorrad kaum geeignet, aber wer will, kann sich die Kunstwerke auch zuschicken lassen. Das Glas prägt auch die weiteren Orte. Bei Frauenau wartet ein Glasmuseum auf Besucher, und Zwiesel, gleich dahinter, nennt sich nicht umsonst »Glasstadt«. Auch hier findet sich noch einiges an Glas-industrie, Kristallmanufakturen und sogar eine über 100 Jahre alte Glasfachschule. Ab Zwiesel ist er ausgeschildert, der Höhepunkt der Region, der »König des Bayerischen Waldes«, der Große Arber. Über Bodenmais, vorbei an den Rieslochfällen führt eine fantastisch gewundene Strecke hinauf, und man merkt mit jedem Höhenmeter, wie es ein wenig kühler wird. Zeit zum Einkehren wird es am Großen Arbersee. Mitten im Kurvengeschlängel hat sich ein beliebter Motorradtreff etabliert. Wieder bergab, und von Arrach nach Viechtach führt die Strecke dann teilweise entlang des Schwarzen Regen, der hier im Lauf der Jahre ein schönes Tal entstehen ließ. In Kötzting treffen wir die Bier- und Burgenstraße wieder. Nur wenige Kilometer weiter tauchen auch schon die beiden Schlösser Miltach und Altrandsberg auf. Beide sind zu besichtigen, und in ihnen finden regelmäßig Kulturveranstaltungen statt. Nur das Bier, das gibt es für uns leider erst abends.

Hinauf zum »König des Bayerischen Waldes«

FÜHRT EINE FANTASTISCH GEWUNDENE STRECKE, UND MAN MERKT MIT JEDEM HÖHENMETER, WIE ES KÜHLER WIRD

Ein kurzes Stück auf der B 20, bis Stallwang wieder die Rückkehr ins Reich der Kurven bietet. Aussichtsreich windet sich ein Sträßchen gen Norden, auf Roding zu. Dahinter liegt Kanuland. Immer entlang des Regenufers fahren wir parallel zum beliebten Wasserwanderweg nach Regenstauf. Unzählige Kanuwanderer, Canadierfahrer und Paddler kreuzen über das Wasser, umkurven die Steine und Felsen im Flussbett und rasten am grünen

Ufer. Bei den zahlreichen Kanuverleihern der Region kann man die komplette Ausrüstung chartern und wird am Ende der Tour auch wieder abgeholt.

In Regenstauf, kurz vor Regensburg, verlassen wir den Flusslauf und biegen ab in den hügeligen Oberen Bayerischen Wald. Natürlich kann man auch weiter ins nahe Regensburg fahren, doch für einen Besuch der Bischofsstadt sollte man sich mindestens einen ganzen Tag Zeit nehmen. So aber führt unser Weg noch ein wenig durch das von Burgen und Ruinen beherrschte Land. Hauzenstein, Kürn, Falkenstein, Falkenfels – überall warten Überreste einstiger Festungen auf Besucher und Entdecker. Noch ein paar Kilometer, dann tauchen die Kirchtürme und der Stadtturm von Straubing im Blickfeld auf. Endstation und Startpunkt einer mehr als kurzweiligen Bayerntour.

Das Städtchen Regen bietet Idylle (unten). Birken stehen Spalier an den Nebenstrecken rund um die Glasstraße (oben).

Flach gelegt

Die Uckermark? Da wissen viele noch nicht mal, wo sie zu finden ist. Nur 80 Kilometer von Berlin entfernt, lässt sich mal auf holprigem Kopfsteinpflaster, mal auf gepflegtem Asphalt die einzigartige Natur- und Seenlandschaft entdecken.

Da ist doch alles flaches Land, oder? Gibt's denn da auch Kurven oder schöne Strecken?« Von skeptisch bis neugierig reichten die Reaktionen beim heimischen Stammtisch auf meine Ankündigung, zu einer Tour durch die Uckermark aufzubrechen. Ganz abgesehen davon, dass die wenigsten wussten, wo genau diese ominöse Gegend eigentlich zu finden sei. Also, so viel sei schon verraten: Ja! Es gibt sie, sowohl die Kurven als auch die schönen Strecken. Und darüber hinaus noch einiges mehr.

Zehn Tage später, bei strahlendem Sonnenschein und hochsommerlichen Temperaturen steigen wir in Prenzlau aufs Motorrad. Das bildschöne Städtchen mit seinen sehenswerten Bauten wie den sieben Kirchen und dem Kloster, der Uckerpromenade, seiner Stadtmauer und den Altstadtgässchen ist der ideale Ausgangspunkt für Touren in die Region. Uns zieht es erst mal ins Uckerland. Durch sanft geschwungene Landschaft gleiten wir auf schmalem Asphalt zwischen wogenden, goldbraunen Getreidehalmen und dem satten Grün der Wiesen. Klar, Serpentinen gibt es hier keine, und auch die Knieschleifer kommen nicht wirklich in Bedrängnis. Aber kaum sind wir unterwegs, erfasst uns eine innerliche, erholsame Ruhe – Relaxen statt Rasen ist angesagt. Außerdem gibt es so viel entlang der Straße zu sehen, was man bei flotter Fahrweise glatt verpassen würde. Ob liebevoll restaurierte Häuschen, uraltes Mauerwerk, Skulpturen, Bau- und andere Denkmäler, bäuerliche Idylle oder einfach nur malerische Natur wie glitzernde Dorftümpel oder kilometerlange Alleen.

Wir gleiten auf schmalem Asphalt zwischen wogenden, goldbraunen Getreidehalmen und grünen Wiesen

In Wolfshagen wähnen wir uns in einem riesigen Freilichtmuseum. Über rumpeliges Kopfsteinpflaster rollen wir durch den nur 330 Einwohner großen Ort und wissen gar nicht, wo wir zuerst hinschauen sollen. Fast 40 Baudenkmäler gebe es hier, erklärt uns ein netter älterer Herr, als wir mitten im Dorf die 17 Meter hohe Königssäule fotografieren. Und dann zählt er sie alle auf. Geraume Zeit, aber gerade mal fünf Kilometer später trägt uns die BMW durch Woldegk. »Die Mühlenstadt« nennt sie sich zu Recht. Fünf

Fürs Mohnbrötchen: Klatschmohn am Ackerrand. (rechts).
Historische Müllerwohnung in der Klostermühle Boitzenburg (unten).
»Gleich wird´s schön« – netter Empfang und wahr gesprochen (unten links).

Windmühlen recken sich hier in den Himmel, eine schöner als die andere. Über idyllische, menschenleere Straßen geht es zwischen dem Damm- und dem Großen See gen Süden. Überhaupt ist die Uckermark das Land der Seen. Viele hundert soll es hier geben, zu verdanken haben die Uckermärker diesen Wasserreichtum der letzten Eiszeit. Und sie wissen das Wasser zu nutzen. Jeder nur denkbaren Wassersportart lässt sich in den eiszeitlichen Hinterlassenschaften frönen. Bei Fürstenwerder, gleich hinter der alten Stadtmauer, entdecken wir auch jede Menge romantische, schilfbewachsene Seeufer.

Fürstenwerder, Fürstenau, Fürstenhagen – fürstliche Straßen führen weiter zwischen dem Breiten Luzin und dem Schmalen Luzin hindurch. Nach einer kurzen Visite des sehenswerten Feldberger Stadtkerns stromern wir durch das Boitzenburger Land bis Boitzenburg. Dort strecken sich die Türme des gleichnamigen Schlosses in den tiefblauen Himmel. Nach der deutschen Wiedervereinigung jahrelang leer stehend, wurde das riesige Schloss aufwendig restauriert und dient heute als Familienhotel. Besonders verlockend: Im kühlen Kellergewölbe der Schlossanlage hat sich die Schokoladenmanufaktur niedergelassen, wo kleine Kunstwerke aus köstlicher brauner Masse entstehen. Dass hier gar nicht selber Schokolade hergestellt, sondern angelieferte Roh-Schokolade in Form gebracht, gewürzt und angerichtet wird, tut unserem Appetit keinerlei Abbruch. Gut, dass die BMW einiges an Zuladung verträgt.

Eigentlich wollten wir gen Westen weiter, aber zwischen Boitzenburg und Gollmitz soll eine der schönsten Alleen der Uckermark liegen. Und tatsächlich, mächtige, dicht belaubte grüne Riesen fassen die »Märkische Eiszeitstraße« ein, lassen kaum Licht auf den Asphalt fallen. Ein Fahrgefühl wie im Tunnel und herrlich kühl in der gleißenden Sonne. Die Uckermark – das Land der Alleen. Wo in

Region: Uckermark
Streckenlänge: ca. 340 km
Zeitaufwand: Die Tour ist an einem Tag zu schaffen, aber auch drei bis vier Tage lassen sich hier spielend verbringen.
Charakter: Die Uckermark ist eine Moränen- und Seenlandschaft im Nordosten Deutschlands. Der südliche Teil ist meist dicht bewaldet, ansonsten beherrscht sanft hügelige Wiesen- und offene Landschaft das Bild. Der besondere Reiz liegt in den zahlreichen Sehenswürdigkeiten und der unberührten Natur. Der Straßenbelag wechselt häufig zwischen griffigem Asphalt und nostalgischem Kopfsteinpflaster. Zudem locken kilometerlange dichte Alleen.
Sehenswert: Eine besondere Delikatesse für Technikinteressierte ist das Schiffshebewerk in Niederfinow. Seit 1934 überwinden Schiffe in dem gigantischen eisernen Bauwerk mit dem Fahrstuhl eine Hubhöhe von 36 Metern. Das Schiffshebewerk darf bestiegen werden. www.schiffshebewerk-niederfinow. info. Prenzlau, Templin und Angermünde sowie Eberswalde locken mit zahlreichen historischen Gebäuden und Denkmälern. Umfangreiche Infos gibt es bei den regionalen Touristikbüros.
Das Dörfchen Wolfshagen im Norden der Uckermark bietet annähernd 40 Baudenkmäler. Die Königssäule, das Preußische Zollhaus, Burgruine, Ehrenpforte – auf Schritt und Tritt entdeckt man Neues. Das Dorf steht im Rang eines Kulturdenkmals von besonderer nationaler kultureller Bedeutung.
Schloss Boitzenburg in Boitzenburg ist auf jeden Fall einen Besuch wert. Im kühlen Untergeschoss findet sich zudem die Schokoladenmanufaktur und im historischen Bibliothekflügel das Schlosshotel.
www.schloss-boitzenburg.de
Hunderte Seen in der Uckermark bieten ein gewaltiges Freizeitangebot mit zahlreichen Kanuverlei- hern, Strandbädern und jeder Menge Wassersportmöglichkeiten. Wer es gerne bequem hat, genießt eine Minikreuzfahrt mit den Ausflugsschiffen auf Unter- und Oberuckersee, wer es eher urig mag, sticht mit dem Floß in See. Infos unter www.tourismus-uckermark.de.
Der riesige ehemalige russische Militärflugplatz bei Groß Dölln beherbergt heute das Michelin Driving Center, die größte Fahrtrainingsanlage Europas.
www.drivingcenter.de
Motorradtreffs: Auf dem Parkplatz des Schiffshebewerks Niederfinow hat sich ein beliebter Treffpunkt etabliert.
Unterkunft: Uns hat es besonders gut im Prenzlauer Hotel »Wendenkönig« gefallen. Sehr gemütlich, toller Garten, außergewöhnliches Frühstücksbuffet und prima Tipps von Hausherr Thiemke. Ebenfalls empfehlenswert ist das Panoramahotel am Oberuckersee in Warnitz und, wenn auch mit über 400 Zimmern recht groß, das Seehotel Templin am Lübbesee.
Internet: www.tourismus-uckermark.de, www.uckermark.de, www.uckermark-erleben.de

MächtigerFahrstuhl: Schiffshebewerk in Niederfinow.

Gute Infos und Tipps im Netz: www.tourismus-uckermark.de.

Schloss Boitzenburg: Edel-Herberge und Schoko-Manufaktur.

Der Werbellinsee – nur einer von 400 Seen in der Uckermark (oben).
Ob am Unterucker-, im Unterucker- oder um den Unteruckersee herum – schön ist er immer (unten links).
Auch das gibt´s: Kurven in der Uckermark (unten rechts).

den »alten« Bundesländern gnadenlos unter dem Deckmäntelchen der Verkehrssicherheit mit der Motorsäge gewerkelt wurde, durfte sich weiter nordöstlich die natürliche Straßenbegrünung eines ungestörten Lebens erfreuen und erfreut ihrerseits heute das Auge des Reisenden.

Über die »Märkische Eiszeitstraße« geht es in den Naturpark Uckermärkische Seen. Langsam aber stetig verändert sich die Landschaft. Immer mehr dichte Wälder beherrschen das Bild. Die weiten Blikke in die Region weichen dem angenehm kühlen Schatten des Laubdaches.

Templin empfängt uns mit seiner fantastischen, vollständig erhaltenen 1750 Meter langen Stadtmauer, danach geht es quer durch die Schorfheide. Wir kurven durch unberührte Natur, kleine idyllische Dörfchen und entlang in der Sonne blinkender Seen. Kaum haben wir die A 11 unterquert, ist es erst mal vorbei mit der ländlichen Idylle. Über den Havelkanal geht es hinein in die »Waldstadt« Eberswalde, das seinen Namen der wald- und wildschweinreichen Gegend verdankt. Der Marktplatz mit Rathaus, die Teufelsbrücke, die Maria-Magdalenen-Kirche mit der höchsten gemauerten Kirchturmspitze der Welt und vieles mehr laden zum Verweilen. Spannend ist auch das nur wenige Kilometer entfernte Schiffshebewerk bei Niederfinow, auf dessen großem Parkplatz sich auch regelmäßig die Motorradfahrer aus der Region treffen. Ein beeindruckender Anblick, wie die Schiffe in dem gewaltigen stählernen Bauwerk Aufzug fahren.

Auch Angermünde, »das Tor zur Uckermark« am Rand der Schorfheide, bietet Sehenswürdigkeiten satt. Die historische Altstadt ist gut erhalten und perfekt restauriert.

»Afrika« steht plötzlich auf dem Ortsschild des Drei-Häuser-Dörfchens. Schon so weit gefahren heute?

Nichts für die große Rushhour: Sträßchen zwischen Seelübbe und Seehausen. Das Schultor – nur ein Teil der 1750 Meter langen Templiner Stadtmauer (rechte Seite). Die Liebe zu Pferden – manchmal kennt sie keine Grenzen. (oben rechts).
Auf Kopfsteinpflaster vielleicht nicht optimal, aber echt cool: Dead Pirat. (oben links)

Sie entlässt uns erneut in das seenreiche Land des Biosphärenreservats Schorfheide-Chorm. Hier wird es einsam. Oft begegnet uns kilometerlang kein Mensch auf den schmalen Straßen in der weiten offenen Landschaft. Dörfer gibt es hier kaum. Regelmäßig wechselt der Fahrbahnbelag zwischen ebenem Asphalt und altem Kopfsteinpflaster. Auch mit guter Federung wird man hier durchgeschüttelt, aber die Ausblicke machen das mehr als wett.

Am Grimnitzsee, an dessen Ufern sich einige Windmühlen finden, stoßen wir wieder auf die »Märkische Eiszeitstraße«, die das Biosphärenreservat durchquert.

Am Kleinen Krinertsee folge ich den Schildern nach Stegelitz. »Afrika« steht dort plötzlich auf einem Ortsschild. Hmm, schon so weit gefahren heute? Nein, mit dem Schwarzen Kontinent hat das Drei-Häuser-Dörfchen nichts zu tun. Es war 1948, als sich einige Kriegsflüchtlinge hier ansiedelten und der Mangel an brauchbarem Baumaterial sie zwang, Erdbehausungen zu bauen. Die Alteingesessenen nannten die Siedlung eher abfällig »Afrika«, was sich dann irgendwann sogar als amtliche Bezeichnung etablierte.

Viel mehr an das echte Afrika erinnert aber, was sich nur wenige Kilometer weiter bei Gerswalde findet: Strauße. Jede Menge dieser Riesenvögel stolzieren durch die weitläufigen Gehege des Straußenhofs Berkenlatten. Wir erfahren, dass Straußeneier bis zu zwei Kilo wiegen können und rund 1,2 Liter Inhalt haben, dass aus Straußenleder Handtaschen und Terminplaner gemacht werden und dass Straußenfleisch enorm wenig Fett und Cholesterin enthält. Wer das in der Praxis gleich testen möchte, kann im Hotel zum Schwan in Gerswalde köstliche Straußengerichte ordern.

Zwischen Unteruckersee und Oberuckersee hindurch schlängeln wir uns bald wieder aus der Schorfheide hinaus. Auf kaum autobreiten Wegen geht es entlang der Ufer wieder nach Norden, wo wir bald die Stadtgrenze von Prenzlau, dem Ausgangspunkt unserer Uckermarkrunde erreichen.

Spätestens jetzt können wir die Fragen des heimischen Motorradstammtisches beantworten. Ja, es ist flaches Land! Ja, es gibt Kurven! Aber vor allem: Ja, es gibt schöne Strecken, und davon reichlich!

Arai
HELMET

Die Alb

ein Traum

Eine Tour auf der Schwäbischen Alb gleicht einer Entdeckungsreise. Imposante Schlösser, bröckelnde Ruinen, idyllisches Fachwerk, aber auch viel Spannendes zum Thema Motorrad lässt sich dort finden.

Die Schwäbische Alb mit ihrem sehr gut ausgebauten Straßennetz durch dünn besiedelte, waldreiche Gegenden und liebliche Dörfer, ihren kurvenreichen, langen Auf- und Abstiegen sowie den geschwungenen Hochflächenstrecken bietet sich ideal für kurze und lange Motorradtouren aller Ansprüche an.« Dieser Satz macht einfach neugierig. Gefunden hatte ich ihn in einem der 780.000 Wikipedia-Artikel im Internet. Und wenn sich schon die große freie Enzyklopädie dieses Hinweises nicht enthalten kann, dann ist es sicher einen Versuch wert, diesem Tipp einmal auf den Grund zu gehen.

Wenige Tage nach meinem literarischen Fund verlassen Kiki und ich auf unserer BMW Reutlingen. Das selbst ernannte »Tor zur Schwäbischen Alb« gilt als der ideale Einstieg in diese Region. Und tatsächlich fackelt die Alb nicht lange, dem motorisierten Zweiradfahrer ihre guten Seiten aufzudrängen. Kaum liegt die Stadtgrenze hinter uns, finden wir uns zwischen Aussichtspunkten und Bergspitzen, Ruinen und Höhenzügen wieder, die Gutes verheißen. Hinter Gönningen, nur wenige Minuten jenseits des »Alb-Tores« gesellen sich dann auch die passenden Kurven dazu. Dem Verlauf eines der vielen kleinen namenlosen Bäche folgend, schlängelt sich der Asphalt durch satte Wiesen, goldgelbes Getreide und dunkle, waldige Abschnitte. Die ersten Skianlagen und -lifte huschen an uns vorbei.

Und kaum kommen wir auf Tour, werden wir schon wieder eingebremst. Als alte Burgenliebhaber müssen wir natürlich einen Blick auf Schloss Lichtenstein werfen. Das streckt sich seit über 600 Jahren bei Großengstingen trotzig in den Himmel. Mit Recht, schließlich wurde es nie erobert, konnte alle Angriffe abwehren. Die martialischen Gerätschaften, die dabei im Kampf eingesetzt wurden, kann man heute in der Waffenhalle bestaunen. Königszimmer, Wappenzimmer, Erkerzimmer, alle gefüllt mit spannenden Exponaten und Geschichten. Überhaupt ist die Schwäbische Alb voller Überra-

KAUM AUF TOUREN, WERDEN WIR WIEDER EINGEBREMST. DENN SCHLOSS LICHTENSTEIN MUSS MAN GESEHEN HABEN

schungen, die besucht oder besichtigt sein wollen. Nur wenige Kilometer weiter lockt die Bärenhöhle, gleich darauf die Sommerrodelbahn, Skilifte, Feriendörfer. Entlang der Hohenzollernstraße kurven wir weiter gen Süden, werfen uns in die nächsten Kehren, rollen auf einmal nordwärts und nur wenig später erneut der Sonne entgegen. Rund 900 Meter hoch sind die Bergkuppen, um die wir hier einen wilden Slalom fahren. Kornbühl, Bühlberg, der Raichberg mit fast 1000 Metern. Kurz bevor wir den Raichberg mit seinem Aussichtsturm erreichen, fliegen wir im kleinen Örtchen Hausen an einem Schaufenster voller alter Motorräder vorbei. So eben erkenne ich im Augenwinkel noch die Schätzchen hinter Glas, bremse und rolle staunend auf dem Bürgersteig aus. Prächtig renovierte NSUs reihen sich auf engem Raum, dazwischen eine alte Hercules, diverse Mopeds und Roller. Glück gehabt, in der Werkstatt gleich nebenan schraubt Egon Flad gerade an einem seiner Glanzstücke. Ihm gehören alle diese Zweiräder, und voller Stolz und Begeisterung erzählt uns der Sammler und Schrauber des Jahrgangs 1930 von seiner Werkstatt, von sich und seinem Hobby und versorgt uns auch gleich mit ein paar guten Tipps zur Region. So kommen wir schließlich auch auf die Kuppe des Raichbergs, genießen den fantastischen Blick vom 22 Meter hohen Raichbergturm, um dann in kräftigen Schwüngen der Burg Hohenzollern entgegenzurollen. Dieses kolossale Märchenschloss kann sich durchaus mit Neuschwanstein und anderen Prunkstücken messen und gehört zu den schönsten und meistbesuchten Burgen Europas. Will man jeden Winkel der Burg erkunden, kann man locker einen ganzen Tag in dem Stammsitz der Hohenzollern verbringen.

Über Bisingen, Stich, hinunter zur B 463 geht es entlang glitzernder, plätschernder Bäche. Balingen bietet sich für eine Tasse Kaffee, ein zweites Frühstück oder einen Blick ins Zollernschloss an. Und dann ... dann steht man als Motorradfahrer am Wochenende vor einem Sperrschild. Die wahrlich traumhafte Strecke um den 964 Meter hohen Lo-

Zum Abheben: Vor Ort bieten zahlreiche kleine Flugplätze Mitflugmöglichkeiten (linke Seite, links oben).
Umzingelt: Egon Flad inmitten seiner Schätzchen (darunter).
Hoch oben: Schloss Lichtenstein thront auf steilem Fels über dem Echaztal (linke Seite, Mitte).
Cerealien: Die Schwäbische Alb gilt als die Kornkammer Schwabens (linke Seite, rechts).
Fachwerkidylle: Im Heilbad Bad Urach scheint die Zeit stehen geblieben (oben).

Region: Schwäbische Alb
Streckenlänge: ca. 355 km
Zeitaufwand: Die Tour ist an einem Tag zu schaffen. Mit zahlreichen Sehenswürdigkeiten lässt sie sich aber locker auf zwei, drei Tage ausdehnen.
Charakter: Die Schwäbische Alb ist ein zerklüftetes Mittelgebirge im Süden Deutschlands. Die Länge des Gebirgszuges in Nord-Süd-Richtung beträgt etwa 200 Kilometer, seine Breite etwa 50 Kilometer. Der höchste Berg, der Lemberg, ist 1015 Meter hoch, es gibt noch elf weitere Gipfel über 1000 Meter Höhe. Die schon früh besiedelte Alb ist ein Eldorado für Entdecker. Es gibt jede Menge Burgruinen, wehrhafte Gemäuer und Klöster, die Zahl der Museen ist kaum überschaubar.

Lockt mit Prunksälen und Waffensammlung: Schloss Sigmaringen.

Sehenswert: Die Schwäbische Alb ist das Land der Höhlen. Im Karst dieses Gebirges verstecken sich kilometerlange unterirdische Gänge, Flüsse und Seen. Die Tour führt unter anderem an der Bärenhöhle und der Nebelhöhle bei Sonnenbühl vorbei. Die Nebelhöhle gilt als schönste der Alb. Infos unter www.sonnenbühl.de.

Die Burg Hohenzollern bei Hechingen ist ein unbedingtes Muss in der Alb. Sie ist ganzjährig täglich im Rahmen von Führungen geöffnet. Die Kasematten und die Anlage sind auch ohne Führung zu besichtigen. www.burg-hohenzollern.de
Das sehenswerte Zollernschloss bei Balingen beherbergt das Museum für Waage und Gewicht, die größte Sammlung dieser Art. Über 400 Ausstellungsstücke veranschaulichen die Entwicklung von der Balkenwaage bis zum Hightech-Gerät. Im Reiterhaus des Schlosses residiert die Jugendherberge.
NSU-Fans sollten bei Egon Flad auf der Hauptstraße in Burladingen-Hausen vorbeischauen. In der ehemaligen Audi-NSU-Werkstatt stehen hinter einem großen Schaufenster echte Motorrad-

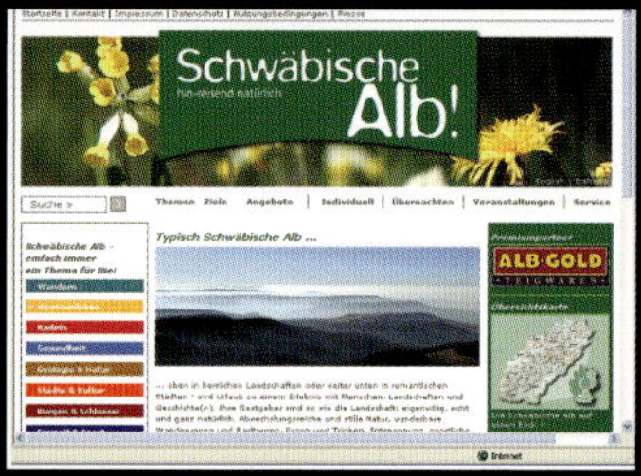

Infos satt: Im Internet finden sich weitere Tipps für den Trip.

Ruinös: Burg Bichishausen wachte einst über der Lauter.

Raritäten, die der Meister selber liebevoll renoviert hat.
Eine ganze Nummer größer ist die Veteranenausstellung des Zoller Hofs in der Leopoldstraße in Sigmaringen. Seit Juni 2008 werden dort, gleich neben der gläsernen Abfüllanlage der Zoller Brauerei, einige Dutzend Exponate der Marke Zündapp ausgestellt. Vom Motorrad über den Rasenmäher bis zum Außenborder – hier findet sich fast alles, was Zündapp je herstellte. Für Moppedfans ein Muss! www.zoller-hof.de
Bad Urach ist immer eine Reise wert. Das Städtchen glänzt mit einem mittelalterlichen Marktplatz, hübschen Fachwerkhäusern sowie dem Schloss. Alle zwei Jahre findet der Schäferlauf statt, ein interessantes Heimatfest rund ums Schaf. www.bad-urach.de
Motorradtreffs: Die Lochenstrecke, die L 440 zwischen Weilstetten und Tieringen, ist nun in Fahrtrichtung Tieringen für Motorradfahrer an Wochenenden gesperrt. Bisher trafen sich dort regelmäßig viele Moppedfahrer. Bleibt abzuwarten, wie es dort mit dem Treff weitergeht. Regelmäßig trifft man sich auch im Großen Lautertal.
Internet: www.schwaebischealb.de, www.tourismus-schwaebische-alb.de, www.mittlereschwaebischealb.de

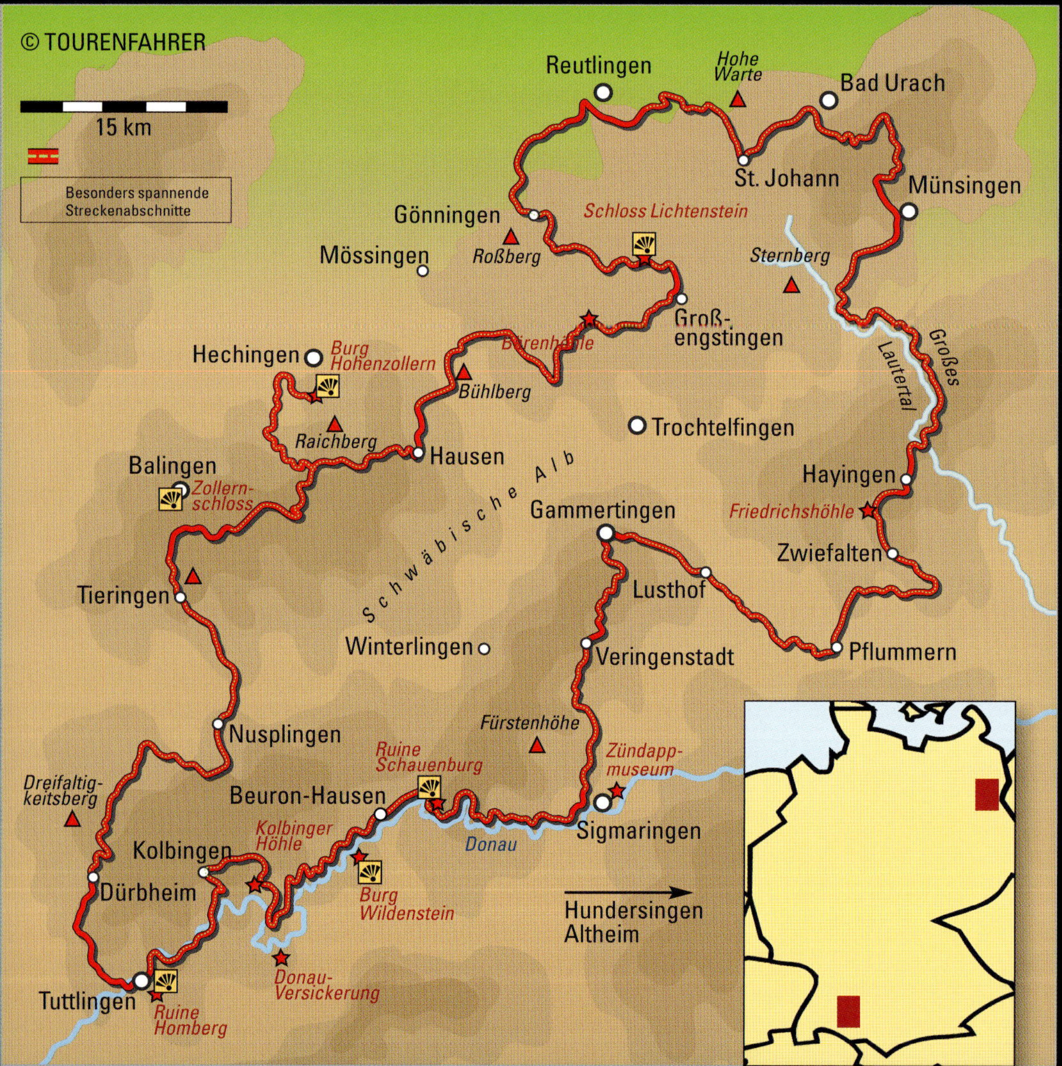

Verlockend: Entlang der Donau laden immer wieder malerische Plätze zu einer Rast ein (oben). Karstiger Fels, üppiges Grün, spannende Strecken: Die schwäbische Alb bietet die ideale Kulisse für Spaß auf zwei Rädern (unten links). Viele Gründe zum Rasten findet man auf der Alb (unten rechts).

chenstein nach Tieringen ist dann und an Feiertagen für motorisierte Zweiradfahrer gesperrt. »Hirnlose Idioten haben es mal wieder geschafft!« Der Kommentar zum Thema in einem Internetforum entbehrt nicht ganz einer Grundlage. Die Sperrung war nur die logische Konsequenz der lebensverneinenden Fahrweise des einen oder anderen Heizers und der daraus resultierenden Unfälle. Gut, dass wir unter der Woche hier sind, also genießen wir die fantastische Route, treffen bald auf die Schwäbische Albstraße, winken im Vorbeifahren dem Dreifaltigkeitsberg zu und stranden bei Tuttlingen an der Donau.Heimatmuseum, Ruine Homberg, Donauversickerung, Kolbinger Höhle, Freilichtmuseum, und, und, und ...

LUSTHOF UND KETTENACKER LASSEN EHER AUF LUSTVOLLE SPIELCHEN ALS SCHWÄBISCHE GEMÜTLICHKEIT SCHLIESSEN

Auch entlang der Donau ist die Schwäbische Alb ein einziges großes Freizeitparadies. Steile Felswände, weiß und grau glänzender Karst, sattgrüne Wiesen und Weiden, imposante Klöster, Kirchen und beschauliche Weiler säumen den Weg. Aber die Schwäbische Alb scheint auch das Land der Radarkontrollen und Starenkästen zu sein. Auch die säumen den Asphalt, und wer neben dem Blick in die Landschaft den kurzen Sichtkontakt zu seinen Instrumenten vergisst, bekommt ruckzuck ein nettes Einschreiben aus der Alb – Urlaubserinnerungen der eher ungeliebten Art. Burgruinen geleiten uns entlang der Donau nach Sigmaringen, und kurz vor dem netten Städtchen fällt mein Blick auf ein kleines Hinweisschild: »Zündappmuseum«. Klar, auch hier kann ich nicht widerstehen und biege ab. Nur wenige Meter, dann rollen wir vor einem riesigen Glaspalast aus. Hier lockt neben der Braustätte des leckeren Zoller Hofbieres das gerade erst aufgebaute und eingeweihte Zündappmuseum. Dutzende wie neu aussehende Zündapps stehen neben Nähmaschinen und Außenbordmotoren der Traditionsmarke. Der Sammler Adolf Mattes hat in den vergangenen Jahren fast alle Modelle von Zündapp zusammengetragen und präsentiert in der mächtigen Halle, gleich neben der gläsernen, nagelneuen Abfüllanlage der Brauerei, einmalige Schätze. Bei der Eröffnung vor wenigen Wochen ließ es sich Ministerpräsident Günter Oettinger nicht nehmen, selbst von einem der Zweiräder zu strahlen. Erstaunlich, wollte er doch vor nicht allzu langer Zeit noch das Motorradfahren aus Sicherheitsgründen gänzlich verbieten.

Immer an der Wand lang: Die Straßen auf der Alb schmiegen sich oft genug ganz eng an den Fels (oben links).
Fels in der Brandung: Die spektakuläre Topografie von Teilen der Region ermöglicht grandiose Bauplätze (oben rechts).

In der Brauerei-Gaststätte nebenan gönnen wir uns eine schwäbische Spezialität, Maultaschensuppe. Nur das Zoller Bier verschwindet mit Rücksicht auf die Promille als Flasche im Seitenkoffer.

Die Hohenzollernstraße führt uns ab Sigmaringen wieder in den Norden. Über die B 32 geht es gut ausgebaut und kurvenreich nach Gammertingen. Mit der Hohenzoller'schen Landeseisenbahn und diversen Bächen teilen wir uns das Tal, biegen dann auf die Deutsche Alleenstraße ab und rollen dort durch die Schatten unzähliger dichter Laubbäume. Denkwürdige Ortstafeln tauchen auf. Lusthof und Kettenacker lassen eher auf abwechslungsreiche Spielchen als auf schwäbische Gemütlichkeit schließen. Während ich noch über die Bedeutung des Ortsnamens Upflamör nachdenke, passiere ich ein nicht minder nachdenklich machendes Schild. »Großes Lautertal – Bitte langsam und leise fahren – sonst droht Fahrverbot!« Aha, hier also auch. Bleibt nur zu hoffen, dass die folgende fantastische Strecke entlang der Großen Lauter nicht auch noch durch Raser der Masse der Motorradfahrer vorenthalten wird. Das wäre wirklich schade, denn die vielen Kilometer bis hinauf nach Münsingen sind mit das Schönste, was die Alb dem Motorradfahrer bietet. Idyllische Landschaft, Wald und blühende Wiesen, Auen und rauschendes Wasser begleiten uns zwischen den rechts und links aufsteigenden Felswänden und Waldhängen. Dass es an Kurven nicht mangelt, versteht sich von selbst. Echte Naturfreunde, die auch mal ein paar Meter zu Fuß gehen, finden übrigens auf dem ehemaligen Truppenübungsplatz Münsingen gleich nebenan ein einmaliges Areal, das seit zwei Jahren der Öffentlichkeit zugänglich ist. Wacholderheide, geheimnisvolle Schluchtwälder und ausgediente Schießbahnen bieten ein seltenes Wander- und Naturerlebnis. Münsingen, das bildschöne Bad Urach, St. Johann, Eningen – die Alb gibt noch mal alles, glänzt mit Aussichten und herausfordernder Strecke. Zu Füßen der Hohen Warte stürzt sich der Uracher Wasserfall in die Tiefe, und die Deutsche Alleenstraße zeigt aufs Neue ihr grünes Haupt. Ein gelungenes Finale, das uns schließlich zurück nach Reutlingen führt und uns erneut das »Tor zur Schwäbischen Alb« passieren lässt, diesmal allerdings in der umgekehrten Richtung.

Frisch eröffnet: Das neue Zündappmuseum von Adolf Mattes in Sigmaringen (unten links)
Nicht allein: Das Donautal ist nur einer der Höhepunkte der Alb (unten rechts).

Produktmanagement: Carl-Christian Steinbeißer, Claudia Hohdorf
Textredaktion: Susanne Kuhl
Layout: Regina Bocek
Umschlag: Nina Andritzky
Herstellung: Thomas Fischer, Anna Katavic

Für Hinweise und Anregungen sind
wir jederzeit dankbar. Bitte richten Sie diese an:
Bruckmann Verlag
Postfach 40 02 09
D-80702 München
E-Mail: lektorat@verlagshaus.de

Die Deutsche Nationalbibliothek verzeichnet diese Publikation in der Deutschen Nationalbibliografie; detaillierte bibliografische Daten sind im Internet über http://dnb.d-nb.de abrufbar.

Aktualisierte Nachauflage

Printed in Italy by
Printer Trento S.r.l.

ISBN 978-3-7654-4740-2

Fernweh?
Wir verschreiben Ihnen gern die richtige Arznei!
TOURENFAHRER
REPORTAGEN · TEST · TECHNIK
April 2011
LUXUS- oder SPORT-TOURING
ABS-Motorräder 2011
Sachsen-Anhalt
Cannes-Cassis
Tallinn-Turku
März 2011
MADE IN GERMANY
Odenwald
Lago Maggiore
Färöer-Inseln
November 2010
6-Zylinder-BMW
DAS KOMMT 2011
MONTENEGRO
NORWEGEN
Der TOURENFAHRER garantiert bei regelmäßiger Einnahme spürbar schnelle Genesung. Vor allem in der Jahresvorteilspackung zum günstigen Sonderpreis. TOURENFAHRER – In jedem guten Zeitschriftenhandel oder am Kiosk erhältlich. Gehört in jede Reiseapotheke!
www.tourenfahrer.de